上海市交通运输行业协会团体标准

上海市域铁路隧道及地下工程施工技术规程(试行)

Technical Specification for Construction of Tunnel and Underground Engineering of Shanghai Suburban Railway (Trial Implementation)

T/SHJX 003—2020

主编单位:上海隧道工程有限公司
批准部门:上海市交通运输行业协会
施行日期:2021年1月1日

同济大学出版社

2022 上海

图书在版编目(CIP)数据

上海市域铁路隧道及地下工程施工技术规程：试行/上海隧道工程有限公司主编. —上海：同济大学出版社，2022.6

ISBN 978-7-5765-0165-0

Ⅰ.①上… Ⅱ.①上… Ⅲ.①铁路隧道—隧道施工—技术操作规程—上海②地下工程—工程施工—技术操作规程—上海 Ⅳ.①U459.1-65②TU94-65

中国版本图书馆 CIP 数据核字(2022)第 039259 号

上海市域铁路隧道及地下工程施工技术规程(试行)

上海隧道工程有限公司 **主编**

责任编辑 朱 勇

责任校对 徐春莲

封面设计 陈益平

出版发行 同济大学出版社 www.tongjipress.com.cn

(地址：上海市四平路 1239 号 邮编：200092 电话：021－65985622)

经 销 全国各地新华书店

印 刷 江苏凤凰数码印务有限公司

开 本 889mm×1194mm 1/32

印 张 6

字 数 160 000

版 次 2022 年 6 月第 1 版 2022 年 6 月第 1 次印刷

书 号 ISBN 978-7-5765-0165-0

定 价 65.00 元

上海市交通运输行业协会

沪交协〔2020〕第64号

上海市交通运输行业协会关于发布《上海市域铁路隧道及地下工程施工技术规程(试行)》等九项团体标准的通知

经上海市交通运输行业协会第七届第三十六次秘书长办公会议批准，同意即日起发布以下九项团体标准：

1.《上海市域铁路隧道及地下工程施工技术规程(试行)》(编号：T/SHJX 003—2020)；

2.《上海市域铁路隧道及地下工程施工质量验收标准(试行)》(编号：T/SHJX 004—2020)；

3.《上海市域铁路桥梁工程施工技术规范(试行)》(编号：T/SHJX 005—2020)；

4.《上海市域铁路桥梁工程施工质量验收标准(试行)》(编号：T/SHJX 006—2020)；

5.《上海市域铁路路基工程施工技术规范(试行)》(编号：T/SHJX 007—2020)；

6.《上海市域铁路路基工程施工质量验收标准(试行)》(编号：T/SHJX 008—2020)；

7.《上海市域铁路轨道工程施工技术规范(试行)》(编号：T/SHJX 009—2020)；

8.《上海市域铁路轨道工程施工质量验收标准(试行)》(编号：T/SHJX 010—2020)；

9.《上海市域铁路建筑信息模型设计应用标准(试行)》(编号：T/SHJX 011—2020)。

特此发布。

上海市交通运输行业协会

2020年9月22日

前　言

根据上海市交通运输行业协会市域铁路分会《关于发布〈2019上海市域铁路建设类技术标准编写计划(一)〉的通知》(沪交协域铁〔2019〕第3号)的要求,规程编制组经广泛调查研究,认真总结实践经验,并在参考相关国标、行标、地标的基础上,制定了本规程。

本规程的主要内容包括:总则、术语、基本规定、施工准备、施工测量、基坑工程、顶管法、盾构法、联络通道、防水、特殊季节与大体积混凝土施工、邻近营业线施工、施工监测、环境保护与水土保持。

各单位及相关人员在执行本规程的过程中,请结合工程实践和科学研究,总结经验,积累资料。如发现本规程中有需要修改和补充之处,请将有关意见、建议和资料反馈至上海隧道工程有限公司越江工程项目管理部(地址:上海市大连路118号;E-mail:jiyunwang@126.com)。

授权委托单位:上海市交通运输行业协会市域铁路分会

主　编　单　位:上海隧道工程有限公司

参　编　单　位:中铁二十四局集团有限公司

中铁十五局集团有限公司

中铁十九局集团有限公司

中铁上海设计院集团有限公司

上海市城市建设设计研究总院(集团)有限公司

上海市隧道工程轨道交通设计研究院

中铁十四局集团大盾构工程有限公司

上海市政工程设计研究总院(集团)有限公司

主要编制人员：朱雁飞　吴惠明　王吉云　张嘉俊

参与编制人员：张雯静　曹宇红　宋秀雷　李乔然　王逸尘
杜　伟　刘逸敏　王春晓　栾焕强　张　杰
于占双　张海东　周　萌　张中杰　刘　书
叶　蓉　金　叶　陈　鹏　刘四进　刘　锟
杜一鸣

主要审查人员：陈茂华　白　云　杨我清　李　涛　王华伟
王事成　叶　蓉　郑宜枫　林传年　张子新
张　勇　陆建生　侯剑锋　孙启迪

目　次

1 总 则

1.0.1 为加强上海市域铁路隧道及地下工程施工技术管理，完善施工技术标准，促进技术进步，保证施工质量，做到技术先进、工艺合理、安全可靠、节约资源、保护环境、经济合理，制定本规程。

1.0.2 本规程适用于新建、扩建、改建的上海市域铁路隧道及地下工程的施工。

1.0.3 本规程为上海市域铁路隧道及地下工程施工的基本要求，当设计文件对施工有专项要求时，尚应符合设计文件规定。

1.0.4 上海市域铁路隧道及地下工程施工除应符合本规程规定外，还应符合国家、行业和本市现行有关标准的规定。

2 术 语

2.0.1 市域铁路 suburban railway

市域铁路是城市中心城区联接周边城镇组团及其城镇组团之间的公交化、快速度、大运量的轨道交通系统，提供城市公共交通服务，是城市综合交通体系的重要组成部分。

2.0.2 基坑工程 foundation pit project

为保证基坑及周边环境安全而采取的围护、支撑、降水、挖土等工程措施的总称。

2.0.3 顶管 pipe jacking

地下管道施工中，依靠顶管机和顶进装置将管节在地下逐节顶进的施工工艺。

2.0.4 盾构 shield

在钢壳体保护下完成隧道掘进、出渣和管片拼装等作业，由主机和后配套设备组成的全断面推进式隧道施工机械设备。根据开挖面的稳定方式，分为土压平衡式盾构、泥水平衡式盾构、敞开式盾构和气压平衡式盾构。

2.0.5 工作井 working shaft

盾构组装、解体、调头、空推、吊运管片和输送渣土等使用的竖井，包括盾构始发工作井、盾构接收工作井和检查工作井等。

2.0.6 管片 segment

隧道预制衬砌环的基本单元，管片的类型有钢筋混凝土管片、纤维混凝土管片、钢管片、铸铁管片、复合管片等。

2.0.7 联络通道 cross passage

设置在两条隧道中间，起连通、排水及防火等作用的通道。

2.0.8 冻结法 ground freezing method

在施工地下构筑物之前，用人工制冷的方法，将构筑物周围含水地层进行冻结，形成具有临时承载和隔水作用并满足工程施工安全需要的冻结壁，然后在冻结壁的保护下进行构筑物掘砌作业的一种施工工法。

3　基本规定

3.0.1　工程开工前，施工单位应根据勘察、设计文件进行现场核查，对现场实际情况与勘察、设计文件不相符的应提出书面资料。

3.0.2　工程开工前，应按照现行国家标准和行业相关规定进行施工风险评估，并制定安全应急预案。

3.0.3　工程开工前，应根据项目工程的标段划分情况，制定标段工程协调机制，确定总体目标要求，明确协调内容和接口界面。

3.0.4　施工过程中应完整地收集原始数据、资料，并应做好施工记录，工程竣工时应及时提交竣工文件。

3.0.5　施工单位质量保证体系应符合现行国家标准《质量管理体系　基础和术语》GB/T 19000 的规定，并应对工程质量进行全过程控制。

3.0.6　施工单位职业健康和环境保护管理体系应符合现行国家标准《职业健康安全管理体系要求》GB/T 28001 和《环境管理体系　要求及使用指南》GB/T 24001 的规定，应制定实施性管理计划并加以落实。

3.0.7　施工现场宜设立试验室，负责对混凝土等材料的检验和控制；当土建或设备试验、检验需要对外委托时，受托单位应具有相应的专业资质。

3.0.8　工程测量、监测、试验、检查、测试（调试）所用的设备、仪器、仪表、工具应在计量检定有效期内。

3.0.9　当采用新技术、新工艺、新材料、新设备时，应有认证、鉴定、评估或推广证书方可使用。

3.0.10　施工中如发现文物、古墓等应妥善保护，并应及时报请有关部门处理。

3.0.11 对永久性测量标桩和地质、地震观测桩等应予保护，如需改动，应报相关部门批准。

3.0.12 工程所用的原材料、预制品等应有合格证和出厂质量证明等资料。

3.0.13 施工完成后的土建结构和设备不应侵入限界。

3.0.14 设备安装的环境温度、湿度等应符合设计文件要求或经设计单位认可的设备技术文件的要求。

3.0.15 结构、轨道、供电、金属管线、车辆基地的杂散电流防护措施应符合国家现行相关标准的规定。

3.0.16 人防工程施工应符合下列规定：

1 人防门框的安装位置、高程等应与结构设计文件一致。

2 人防段结构内的预埋件和预留孔洞的位置、数量、标高、做法等应符合各专业设计文件要求。

3 人防段土建结构宜在人防门框安装后，绑扎门框墙钢筋、门框和门框墙钢筋、预埋件、吊环验收合格后方可支立模板和浇筑混凝土。

4 人防工程的施工应符合现行国家标准《人民防空工程施工及验收规范》GB 50134 的规定。

5 区间人防结构施工前应完成贯通测量和调线工作。

3.0.17 设备进场验收应符合下列规定：

1 设备应有合格证，实行安全认证制度的系统应有安全认证标志或文件。

2 应保证外观完好，产品应无损伤、变形、瑕疵和锈蚀。

3 设备及配件进入施工现场，应有清单、使用说明书、质量合格证明文件、国家法定质检机构的检验报告等文件。

4 进口产品应提供原产地证明、商检证明、配套的质量合格证明、检测报告以及安装、使用和维护说明书，文件应为中文文本或附中文译文。

4 施工准备

4.1 一般规定

4.1.1 施工前应熟悉设计文件，领会设计意图，应完成现场调查和设计文件核对、会审、交底工作。

4.1.2 施工前应编制施工组织设计，重点部位、难点部位和专项工程应分别编制施工方案。

4.1.3 施工前应对风险工程进行再分析与评价，并应编制危险性较大的分部或分项工程安全专项施工方案。

4.2 施工调查与专项工作

4.2.1 施工调查工作应包括下列内容：

1 地理环境、气象资料、交通要求、地下空洞、文物、古墓、居民点的社会状况和民风民俗。

2 施工运输道路、水源、供电、征地拆迁、取土场地、弃渣场地及容纳能力等状况。

3 施工场地及周边的道路、桥梁、建(构)筑物、地下地上管线等周边环境。

4 对工程施工直接或间接影响的其他问题。

4.2.2 为工程本体施工需开展的专项工作应包括下列内容：

1 施工临时占地、围挡实施及恢复。

2 园林树木的伐移。

3 既有轨道交通线、铁路的保护，管线的改移和保护，地上、地下建(构)筑物的保护。

4 施工所需临时占用道路的交通导改。

4.3 施工技术工作

4.3.1 施工组织设计与施工方案编制应符合下列规定：

1 施工组织设计编制应符合施工安全、工程质量、工程进度和环保要求，并经审批后方可组织实施。

2 分部、分项工程施工方案编制应与施工组织设计相一致。

3 测量、监测、试验、临时用水用电方案编制应与施工组织设计相一致。

4.3.2 测量工作交桩后，施工单位应组织复验。复验合格后应布设测量加密控制点。

4.3.3 设计交底与图纸会审应包括下列内容：

1 施工单位应先进行设计文件审核，并应在会审中提出审核意见。

2 建设单位应组织设计、监理、施工单位参加设计交底，并应进行图纸会审，形成设计交底与图纸会审记录。

3 建设单位应组织勘测、物探、设计、监理与施工单位进行勘察交底，并应形成勘察交底记录。

4.3.4 施工技术交底应符合下列规定：

1 施工技术交底应覆盖所有参加施工的人员。

2 施工技术交底应形成书面记录。

4.4 施工现场

4.4.1 现场场地布置应包括下列内容：

1 办公、生产、生活用房（棚）搭设。

2 材料存放场地、加工场地、构件及设备存放场地布设。

3 施工道路引入与场内道路的布置。

4 施工用水的引入与生产、生活用水和消防设施的布置。

5 施工用电的引入与生产、生活用电的布置。

6 施工排水设施与排水系统的布置。

7 安保、环保设施的建设。

4.4.2 施工现场场地应结合不同施工阶段的要求与特点,分期布置。

4.5 施工机械

4.5.1 施工机械配置应符合下列规定:

1 施工机械数量、进场时间应符合工期与施工组织要求。

2 施工机械应符合施工安全使用要求。

3 施工机械的配置应提高施工效率。

4.5.2 施工机械进场后应对机械进行检查,大型专用设备还应在进场前进行适应性评价。

4.6 材 料

4.6.1 应根据设计文件和施工组织设计编制材料、构配件进场计划。

4.6.2 材料、构配件进场后应进行检验,建立台账,分类存储与标识。

4.7 劳动力

4.7.1 劳动力应根据施工组织设计,分阶段、分专业和工种进行人员配置。

4.7.2 劳动力安排宜按照工序进行班组划分,形成专业化作业班组管理模式。

4.7.3 劳动力进场后应进行技能和安全岗前培训。特种作业人员应经专门的安全作业培训,持证上岗。

5 施工测量

5.1 一般规定

5.1.1 施工测量应分级进行复核，复核内容应包括测量数据计算复核、控制成果复核、施工放样复核。

5.1.2 施工测量方案应根据工程特点、采用的施工工法、施工工艺及工程周边环境进行编写。

5.1.3 控制测量、关键工序和重要设备安装应在测量放线复测后，方可进行下一道工序施工。

5.1.4 施工期间应对地面和地下各等级测量控制点进行保护，并应及时恢复被破坏的测量控制点。

5.1.5 施工测量应采用中误差作为测量精度的标准，并应以 2 倍中误差作为极限误差。

5.1.6 控制测量、贯通测量、铺轨施工测量使用全站仪的测角精度不应低于 1″，测距精度不应低于 $1+1\times10\sim6\times D$mm；水准仪的精度不应低于 1 mm/km；其他施工测量使用全站仪的测角精度不宜低于 2″，测距精度不宜低于 $2+2\times10\sim6\times D$mm，经纬仪精度不宜低于 J2，水准仪精度不宜低于 S3。

5.1.7 施工测量应符合现行国家标准《城市轨道交通工程测量规范》GB/T 50308 的规定。

5.2 施工控制网测量

5.2.1 市域铁路工程应布设专用平面和高程控制网，施工单位接桩后应对控制网进行复核，复核应符合原网网形及精度要求。

5.2.2 平面控制网点位不符合施工要求时，宜利用卫星定位控制点或精密导线点测设加密平面控制网，加密控制网测量主要技术要求应符合表5.2.2的规定。

表5.2.2 加密控制网测量主要技术要求

闭合环或附合导线总长度(km)	平均边长(m)	每边测距中误差(mm)	测角中误差(″)	方位角闭合差(″)	全长相对闭合差	相邻点相对点位中误差(mm)
3～4	350	±3	±2.5	$\pm5\sqrt{n}$	1/35 000	±8

5.2.3 高程控制网点位不符合施工要求时，宜利用轨道交通一等水准点或轨道交通二等水准点测设加密高程网，加密高程网测量主要技术要求应符合表5.2.3的规定。

表5.2.3 加密高程网测量主要技术要求

每千米高差中数中误差(mm)		闭口环线或附合水准线路最大长度(km)	水准仪等级	水准尺	观测次数		往返测较差、附合线路或环线闭合差(mm)
偶然中误差$M_{\triangle}$	全中误差M_W				与已知点联测	附合路线或环线	
±2	±4	2～4	DS_1	铟瓦尺或条码尺	往返测各1次	往返测各1次	$\pm8\sqrt{L}$

注：L为往返测段、附合或环线的路线长(以km计)。

5.2.4 加密控制点应埋设标志，并应避开施工变形区域。

5.3 联系测量

5.3.1 联系测量应包括地面近井导线测量和近井高程测量、竖井定向测量和高程传递测量、地下近井导线测量和近井高程测量。

5.3.2 地面近井导线和近井高程路线应采用附合导线或闭合导线、附合水准、闭合水准路线形式，技术要求应符合本规程表5.2.2和

表 5.2.3 的规定。

5.3.3 定向测量应符合下列规定：

1 一井定向法(联系三角形法)测量应符合下列规定：

1) 同一竖井内应悬挂 2 根钢丝与近井点组成联系三角形，每次定向应独立观测 3 次，取 3 次观测平均值作为定向成果。

2) 联系三角形图形应满足的要求：近井点与 2 根钢丝宜形成直伸三角形，三角形锐角宜小于 1°；竖井中悬挂钢丝间的距离应尽可能长；近井点至悬挂钢丝最短距离与钢丝间距比值宜小于 1.5。

3) 角度观测应采用方向观测法观测 6 测回，测角中误差应为±2.5″。

4) 仪器至钢丝间距可采用钢尺量测或粘贴反射片测量，地上与地下量测的钢丝间距较差应小于 2 mm。

2 两井定向法测量应在车站基坑或两个竖井中悬挂钢丝，也可采用铅垂仪代替钢丝，形成无定向导线。

3 陀螺经纬仪和铅垂仪(钢丝)组合法测量应符合下列规定：

1) 应采用“地面已知边→地下定向边→地面已知边”的测量程序；地面已知边、地下定向边的陀螺方位角测量每次应测 3 测回。

2) 地下定向边边长应大于 60 m。

3) 同一边应定向 3 次，每次 3 测回，测回间陀螺方位角较差应小于 20″，3 次定向陀螺方位角较差应小于 12″，3 次定向陀螺方位角平均值中误差应为±8″。

4 投点定向法测量应符合下列规定：

1) 采用钢丝或铅垂仪利用施工竖井或钻孔投点测量时，投测的两点应相互通视，其间距应大于 60 m。

2) 架设钢丝或铅垂仪投点时，应独立测量 3 次。

5　导线直接传递法测量应符合下列规定：

1）宜采用具有双轴补偿的全站仪；无双轴补偿时，应进行竖轴倾斜改正；垂直角应小于30°。

2）应独立测量2次，取其平均值。

5.3.4　高程传递测量可采用悬挂钢尺法、光电测距三角高程法、水准测量法。

1　悬挂钢尺法测量应符合下列规定：

1）高程传递测量时，地上、地下的两台水准仪应同时读数。

2）传递高程时，独立观测3次，高差较差应小于3 mm。

3）高差应进行温度、尺长改正。

2　光电测距三角高程法测量应从车站基坑或区间盾构井、轨排井进行传递；若传递测量垂直角大于30°时，中间宜利用施工平台作为转点再向下传递。

3　水准测量法测量宜通过明挖基坑或暗挖竖井、盾构井布设水准线路将高程由地面导入车站或区间隧道内。

5.3.5　明挖车站或施工竖井口宽度大于5 m时，可采用任意设站导线网进行坐标和高程的同步传递测量，传递时在地面应布设不少于3个具有强制对中标志的三维近井控制点，地下隧道内应布设不少于3个可形成任意设站导线网测量路线的强制对中标志。

5.3.6　隧道贯通前的联系测量不应少于3次，宜在隧道掘进到约100 m、300 m以及距贯通面100 m～200 m时分别进行1次。当各次地下起始边方位角较差小于12″时，宜取各次测量成果的平均值作为后续测量的起算数据指导隧道贯通。

5.3.7　区间隧道单向贯通距离大于1 500 m的轴线和高程控制测量，应增加联系测量次数或采用两井定向、区间钻孔投点、加测陀螺定向边方法。

5.3.8　定向测量的地下定向边不应少于2条，传递高程的地下近井高程点不应少2个，作业前应对地下定向边之间和高程点之间的几何关系进行检核。

5.4 明挖施工测量/基坑工程施工测量

5.4.1 明挖施工测量/基坑工程施工测量应包括明挖车站、明挖区间隧道、明挖竖井和盾构井的测量，具体内容应包括地下管线改移、围护结构、基坑开挖、主体结构、内部结构及建筑装修施工的测量工作。

5.4.2 明挖法施工测量中误差应符合下列规定：

1 线路中心线平面测量定位中误差应为±5 mm。

2 结构轴线、结构内侧线应以线路中心线为依据，平面测量定位中误差应为±5 mm。

3 围护桩中心或连续墙中心轴线、格构柱中心的平面测量定位中误差应为±5 mm。

4 基坑放坡上口开挖边线应以线路中心线为依据，平面测量定位中误差应为±7.5 mm。

5 标高测量中误差应为±5 mm。

5.4.3 施工前，应根据设计文件、既有建(构)筑物和管线的竣工测量成果、现场调查资料，将明挖法结构施工影响区域内的既有建(构)筑物和管线的平面位置在地面上测设出来。

5.4.4 敞口放坡基坑开挖时，应测设边坡线和边坡坡度。

5.4.5 施工测量宜采用导线直接传递法及悬挂钢尺法将地面坐标和高程导入车站及区间隧道基坑底面，并应以此为依据测设区间隧道内施工控制点。

5.4.6 结构施工应按设计文件要求，放样边墙内侧线、中墙轴线、独立柱中心点、梁轴线、板底和板顶标高线。

5.4.7 结构完成后应进行结构断面净空测量，测量宜采用坐标解析法或三维激光扫描法。

5.5 顶管施工测量

5.5.1 顶管测量应包括地面控制点复测和地面控制网的布设、联系测量、地下平面和高程测量、贯通和竣工测量。首级控制点的复测和地面控制网的测量应符合精密导线测量的技术要求。

5.5.2 首级精密地面平面控制点不应少于 3 个，高程控制点不应少于 2 个。地面平面控制网应附合在首级精密导线点上，通视良好，并应使定向具有最有利的位置。地面控制点的选点和测量应符合精密导线和二等水准测量的相关要求。

5.5.3 联系测量应包括地面导线测量、地面水准测量、定向测量和高程传递测量。联系测量应符合现行国家标准《工程测量规范》GB 50026 的规定。

5.5.4 井上和井下定向的平面测量点应采用固定观测墩的形式。

5.5.5 定向和导入高程测量应在顶管每掘进 100 m 复核 1 次，在距进洞前 50 m 时应增加复核，数量不应少于 3 次。

5.5.6 顶进的首级控制点和复测贯通面洞门的控制点应为相同点。

5.5.7 管道贯通后应按设计要求进行竣工测量，并提交竣工测量成果表、竣工图和竣工测量报告。

5.5.8 长距离顶管和曲线顶管宜采用自动测量系统。

5.5.9 自动测量系统的施工应符合下列规定：

1 自动测量系统应由软件系统和硬件系统组成，软件系统应具备控制及测量数据处理功能，硬件系统应包括测量仪器、通信线缆及接头等。

2 全站仪站点数量和位置应根据顶管线路及施工进度进行合理布置，并应进行软件预模拟。

3 测量初期应根据实际情况进行人工辅助，调整测量仪器和站点布置。

5.6 盾构施工测量

5.6.1 盾构法施工测量应包括盾构始发、掘进、接收的测量。

5.6.2 盾构法施工测量中误差应符合下列规定：

1 盾构始发基座定位、反力架定位、施工导线点等平面坐标测量中误差应为±2.5 mm。

2 盾构始发基座轴线、反力架轴线、联络通道轴线等平面定线测量中误差应为±2.5 mm。

3 高程测量中误差应为±2.5 mm。

4 盾构机初始姿态测量应符合下列规定：

1）盾构机标志点的坐标、高程测量不应少于 2 次，标志点坐标、高程测量中误差应为±1.5 mm。

2）应根据各次测量平均数值计算横向偏差、竖向偏差、俯仰角、方位角、滚转角及切口里程。

5 自动导向系统移站应测量自动导向系统测站点、后视点三维坐标，测量中误差应为±5 mm。

6 衬砌环姿态测量应测量衬砌环中心坐标、底部高程、水平直径、垂直直径，测量中误差中心坐标应为±5 mm，底部高程应为±1.5 mm，直径应为±2.5 mm。

7 盾构机掘进姿态复核应测量盾构机标志点三维坐标。测量中误差应为±1.5 mm。

5.6.3 盾构井的施工测量应符合本规程第 5.4 节的规定。

5.6.4 盾构法施工隧道始发钢环和接收钢环安装测量宜采取下列方法：

1 由竖井始发时，应利用联系测量将地面坐标和高程导入竖井底部为基准，控制钢环安装。

2 由车站端部始发时，宜利用车站内的平面和高程控制点控制钢环安装。

5.6.5 盾构基座安装测量控制应符合下列规定：

1 应采用极坐标法将盾构基座中心轴线测设在井壁或固定的物体上。

2 根据基座设计文件规定的里程，应将垂直于基座前端、中端和后端的中心轴线的法线分别测设在井壁或固定的物体上。

3 应在基座前端、中间和后端的中心轴线两侧的井壁或固定物体上标定同一高程的水平线。

4 应按标定数据进行盾构基座定位，安装完成后应对基座安装位置进行复验，其结果应符合本规程第 5.6.2 条的规定。

5.6.6 反力架宜采用三维坐标法进行测量控制，安装后应对其设计文件规定的中心的垂直和水平方向上的上、下、左、右位置进行复测。

5.6.7 盾构机拼装后应进行初始姿态测量，掘进过程中应进行实时姿态测量。盾构机姿态测量应包括平面偏差、高程偏差、俯仰角、方位角、旋转角及切口里程。

5.6.8 盾构机姿态测量应利用盾构机配置的导向系统实时测量，并应采用人工测量方法对导向系统测量成果进行检核，其结果应符合本规程第 5.6.2 条的规定。

5.6.9 盾构掘进过程中应布设临时导线。临时导线宜布设在隧道侧壁，采用强制托盘对中托盘形式布设，应随盾构机掘进方向延伸。

5.6.10 衬砌环安装完成后，应进行衬砌环平面坐标和高程测量，并应符合下列规定：

1 宜在盾构机姿态测量的同时进行环片姿态测量。

2 环片姿态测量内容应包括环片中心、底部高程和前沿里程，并应用报表形式提供测量成果。

3 测量中误差应为±1.5 mm。

4 盾构正常掘进时衬砌环测量频率应为 1 次/20 环，且每天不应少于 1 次。

5 衬砌环平面坐标和高程实测值与设计文件规定值偏差超过±30 mm 时，宜分析偏差产生原因，并进行纠偏处理。

5.6.11 盾构区间联络通道的施工测量应符合设计要求和相关标准的规定。

5.7 隧道断面测量

5.7.1 隧道断面测量应包括车站轨行区、区间隧道结构横断面和底板纵断面测量。

5.7.2 施工过程中，盾构法隧道衬砌环施工完成注浆后应进行衬砌环姿态测量。

5.7.3 结构完成后的断面测量应以贯通测量平差后的平面、高程控制点为依据进行，并应符合下列规定：

1 区间断面测量应根据断面形式确定建筑限界控制点或由设计单位指定断面测量位置。

2 车站应测量站台面与轨面的高度、站台边缘与轨道中心线的距离。

5.7.4 断面测量直线段宜每隔 10 m、曲线段宜每隔 5 m 测设 1 个断面，结构断面变化处和曲线要素点处应加测断面。断面测量可采用全站仪三维坐标法、断面仪法、三维激光扫描法等方法进行测量。

5.7.5 断面测量完成后应提交断面测量成果并存档。

5.8 贯通测量

5.8.1 贯通测量应包括贯通点平面坐标测量、贯通点高程测量。

5.8.2 贯通测量中误差应符合下列规定：

1 平面测量中误差应为±2.5 mm。

2 高程测量中误差应为±1.5 mm。

5.8.3 区间隧道贯通后应进行贯通测量，测量主要内容应包括隧道的纵、横向和高程贯通测量。

5.8.4 贯通测量应在贯通面设置贯通点，利用贯通面两侧的平面和高程控制点对测量平差后的施工平面、高程控制点进行观测。

5.8.5 区间隧道的纵向、横向贯通误差，可根据两侧控制点测定的贯通点坐标闭合差计算确定，也可利用贯通面两侧中线延伸至贯通面上同一里程处各自临时点的间距确定。

5.8.6 区间隧道高程贯通误差应由贯通面两侧高程控制点测定贯通点的高程较差确定。

5.9 竣工测量

5.9.1 竣工测量应包括线路轨道竣工测量、区间结构竣工测量、车站及其附属建筑结构竣工测量、线路沿线设备竣工测量和地下管线竣工测量。

5.9.2 竣工测量方法和精度指标应与施工过程中的测量相同。竣工测量资料应与施工过程的测量资料进行比较，偏差在允许范围内的过程测量资料应作为竣工测量成果；偏差超出允许范围内的，应按实测资料编绘竣工测量成果。

5.9.3 轨道竣工测量应在轨道完工并锁定后进行，并应以铺轨控制点为基准测量轨道几何形位。

5.9.4 区间结构竣工测量应以贯通测量成果进行隧道横断面净空测量。断面间距、断面测点位置、数量应根据区间结构形式确定。

5.9.5 车站主体与附属建筑结构竣工测量应根据批复的规划许可证要求，测量各建筑结构的平面位置、高程、结构尺寸以及控制角点与相邻建筑的距离。

5.9.6 线路沿线设备竣工测量应包括接触轨或接触网、风机以及行车信号与线路标志设备测量。

5.9.7 地下管线竣工测量应包括施工拆迁、改移、复原的现有管线和新建管线。

5.9.8 竣工测量完成后应提交竣工测量成果资料。

6 基坑工程

6.1 一般规定

6.1.1 采用降水法施工的基坑，应综合考虑开挖影响范围内各含水层的水文地质特性、周边环境要求及基坑围护特征，确定降水方案。降水施工应满足本规程第 6.5 节的规定。

6.1.2 施工前，应平整场地，清除施工范围内的地上、地下障碍物，对需要保留的地下管线应挖探外露，对需保留的障碍物进行相应的处理，封堵地下空洞。

6.1.3 结构长距离明挖施工应分段实施，应作出土方及设备、材料调配计划，应平行流水作业，结构完成一段且达到设计文件规定的强度后应回填一段。

6.1.4 土方及围护结构、降水等施工机械，在架空输电线路和通信线路下作业时，应保持安全距离。

6.1.5 土建结构施工应与机电设备安装配合，并应符合下列规定：

1 应预留满足大型设备及管线的运输和安装通道，待大型设备及管线安装完成后方可施工后续建筑结构。

2 线路布设位置未完成前，墙体砌筑高度不宜超过 2.4 m。

3 站台板、轨顶风道等施工前应与设备、机电、人防等专业明确预埋件和预留孔洞位置。

6.1.6 防雷与接地施工应符合下列规定：

1 底板垫层施工前应完成接地预埋，并应进行接地电阻检测。

2 接地极预埋沟回填压实度应符合设计文件要求；设计文

件无要求时，不应低于原状土压实度。

3 接地装置不应与底板结构中的钢筋相接触。

6.2 管线悬吊与改移

Ⅰ 管线悬吊

6.2.1 基坑开挖范围内各种管线应在施工前调查清楚，应确定拆迁、改移或采取保护措施。

6.2.2 基坑管线悬吊应先进行设计，其支撑结构的强度和稳定性等应进行验算。

6.2.3 管线漏水或漏气时，应维修后方可悬吊。如跨越基坑的管线较长或接口存在断裂危险时，应更换钢管后悬吊或直接架设在钢梁上。

6.2.4 悬吊或架设管线的钢梁，连接应牢固，吊杆或钢梁与管底应密贴。

6.2.5 管线应在其下方的土体开挖前吊挂牢固，并经检查合格后方可人工开挖其下部土方。

6.2.6 不同种类的管线，宜单独悬吊或架设。如同时悬吊或架设时，应征得产权单位的同意。

6.2.7 跨越基坑的便桥上设置管道悬吊时应进行专项设计。利用便桥墩台作悬吊支撑结构时，悬吊梁应独立设置，并不应与桥梁或桥面系统连接。

6.2.8 利用围护结构作钢梁的支承结构或钢丝绳悬吊的锚桩时，应稳固可靠。放坡开挖基坑的钢梁支承墩柱或钢丝绳悬吊的锚桩均应置于边坡滑动土体以外，并应经计算确定。基坑较宽需中间设置支承柱时，梁、柱连接应牢固。

6.2.9 跨越基坑的悬吊管线两端伸出基坑边缘外长度不应小于1.5 m，其附近基坑应加强支护，并采取措施防止地面水流入基坑。

6.2.10 基坑土方开挖及其他工序施工，不应碰撞管线悬吊系统，且不应用作起重架、脚手架或模板支撑等。

6.2.11 管线悬吊两端应设防护，禁止人员通行。

Ⅱ 管线改移

6.2.12 管线改移应符合专项设计文件的规定。

6.2.13 管线改移后仍在基坑影响范围内且需加固保护的，保护措施宜与管线改移同时实施。

6.3 交通导改与基坑便桥

6.3.1 交通导改应在保证施工顺利进行的同时，兼顾原有道路的通行。

6.3.2 交通导改实施方案应经政府相关部门批准后方可实施。

6.3.3 交通导改路的施工应符合现行行业标准《城镇道路工程施工质量验收规范》CJJ 1 的规定。

6.3.4 交通导改路下埋设有管线时，应与交通导改同步实施。

6.3.5 基坑便桥应进行设计计算，宜采用装配式结构；用作交通导改的基坑便桥，宜由有相应资质的设计单位设计。

6.3.6 当基坑围护结构采用桩或墙体，利用其结构作为基坑便桥的支承结构时，应经设计单位确认。

6.3.7 便桥两端应设置限载、限速和禁止超车、停车等标志。人行便桥应设置禁止机动车或机械通行标志。

6.3.8 便桥在使用中应进行检查和维护。

6.4 基坑围(支)护结构、地基加固及桩基础

Ⅰ 一般规定

6.4.1 基坑围(支)护与地基加固施工应符合设计文件要求。

6.4.2 围护结构与地基加固施工前，应对桩位或墙位挖探坑，确保无地下管线和障碍物后方可施工。

6.4.3 各工艺适用范围可按表 6.4.3 选用。

表 6.4.3 各工艺应用范围一览表

工艺		适用范围	备注
地下连续墙	常规	基坑围护	—
	素墙	隔水帷幕	—
板桩围护墙	预制钢筋混凝土板桩围护墙	基坑围护	—
	钢板桩围护墙	基坑围护	—
搅拌桩	双轴搅拌桩	基坑围护(插型钢、重力式)、地基加固	本规程仅适用于普通双轴、三轴搅拌桩，若为多轴(>3)搅拌施工工艺，可另行参照有关规范
	三轴搅拌桩	基坑围护(插型钢、重力式)、地基加固	
	渠式切割水泥土连续墙	基坑围护(插型钢、重力式)、地基加固	—
换填法		地基加固	—
预压法		地基加固	—
强夯法		地基加固	—
注浆法	常规注浆法	地基加固	填充注浆、渗透注浆、压密注浆、劈裂注浆
	高压旋喷注浆	地基加固、基坑围护	单管法、双管法、普通三管法、双高压三重管法
	全方位高压喷射注浆(MJS)	地基加固基坑围护	—
	超高压复合旋喷(RJP)	地基加固、基坑围护	—
冻结法		地基加固	—
树根桩		地基加固、桩基	—

续表6.4.3

工艺	适用范围	备注
钻孔灌注桩	基坑围护、桩基	本规程仅适用于泥浆护壁回转钻成孔灌注桩
PHC管桩	桩基	—
支撑结构	基坑支护	—

6.4.4 围护结构的桩或墙应垂直平顺。钢板桩应无扭曲、倾斜和劈裂；连续墙接缝应连接严密；水下灌注的桩或墙应无露筋、缩颈和夹渣、断裂现象。

6.4.5 采用桩或墙的围护结构，宜与主体结构之间预留外放量，确保围护结构不侵入主体结构线。

6.4.6 围护结构采用水下灌注混凝土时，混凝土强度等级应提高一个等级。混凝土灌注宜高出设计文件规定的标高300 mm～500 mm。冬期施工时，桩（墙）顶混凝土未达到设计文件规定强度等级的40％时，不得受冻。

Ⅱ 地下连续墙

6.4.7 地下连续墙施工应设置钢筋混凝土导墙，导墙施工应符合下列要求：

1 导墙应采用现浇钢筋混凝土结构，导墙底部应置于原状土层，高度不应小于1.2 m；导墙底标高宜低于地下连续墙设计顶标高，且不宜小于200 mm；导墙外侧应采用黏性土填实；导墙应满足成槽设备及顶拔接头管（箱）时的强度及稳定性要求。

2 遇暗浜时，应进行土体加固；遇松散填土层较厚或遇有障碍物时，应进行清除并进行土体加固或做深导墙。

3 导墙内侧墙面应垂直，两侧导墙之间的净距应比地下连续墙设计厚度增加40 mm～60 mm。

4 导墙拆模后，应做好墙间支撑，并按要求控制导墙周围的施工荷载。

6.4.8 地下连续墙施工前应通过试成槽确定合适的成槽机械、护壁泥浆配比、施工工艺等技术参数。

6.4.9 护壁泥浆使用前应根据材料和地质条件进行试配，并进行室内性能试验，泥浆配合比宜按现场试验确定。新拌制的泥浆应经充分水化，贮放时间不应少于 24 h；成槽时泥浆的供应及处理系统应满足泥浆使用量的要求；槽段开挖结束后及钢筋笼入槽前，应对槽底泥浆和沉淀物进行置换。

6.4.10 护壁泥浆应采用试验仪器进行检测，施工过程中应经常检测泥浆指标；成槽期间，槽内泥浆面应高于地下水位 500 mm 以上，且不应低于导墙顶面 300 mm。

6.4.11 基坑开挖深度范围内粉性土或砂土较厚时，宜采取调整泥浆配合比、槽壁预加固、预降水等措施提高槽壁稳定性。

6.4.12 现浇地下连续墙成槽施工应符合下列要求：

1 单元槽段长度应根据施工现场地质条件、成槽设备、槽壁稳定等因素确定，长度宜为 4 m～6 m。

2 单元槽段宜采用跳幅间隔施工顺序。

3 每个单元槽段的挖槽分段不宜超过 3 个。

6.4.13 槽段接头施工应符合下列要求：

1 接头管(箱)应满足混凝土浇筑时的强度和刚度要求。

2 混凝土槽段接头应在钢筋笼入槽前进行刷壁，刷壁次数不应少于 20 次，清刷后的接头不得夹泥；接头管(箱)安装时，应贴紧槽段垂直缓慢沉放至槽底。

3 接头管(箱)应在混凝土初凝至终凝过程中微量提动，并应根据初凝、终凝时间确定允许起拔时间和高度，按时限量起拔。

4 槽段接头防渗宜采用高压喷射注浆进行加强。

5 套铣接头施工时，先施工槽段在混凝土浇灌前应以分幅线为基准安放导向插板，导向插板应在混凝土浇筑前放置于预定位置，插板长度宜为 5 m～6 m；后施工槽段宜在两侧槽段完成混凝土浇灌不少于 5 d 后进行铣槽，铣槽时应将套铣部分混凝土铣削干净，套铣部分不宜小于 200 mm，圆弧形槽段最小铣削宽度应为 100 mm。

6.4.14 钢筋笼制作和吊放应符合下列要求：

1 钢筋笼制作场地应平整，平面尺寸应满足制作和拼装要求。

2 采用分节吊放的钢筋笼应在制作场地进行预拼装成型。

3 应设置纵横向桁架、剪刀撑等加强钢筋笼整体刚度的构造措施，钢筋笼整体吊放应进行安全验算。

4 应对钢筋笼吊放的机具进行安全验算。

5 钢筋笼吊筋的长度宜根据导墙标高确定。

6 钢筋笼应设置保护层垫块，钢筋笼应在刷壁、清槽、泥浆置换完成后及时入槽。

6.4.15 现浇地下连续墙混凝土应采用导管法连续浇筑，并应符合下列要求：

1 施工前导管接缝宜进行水密性试验，导管内应设置隔水栓。

2 混凝土浇筑过程中导管埋入混凝土液面以下的深度宜为 2 m～4 m。

3 每根导管分担的浇筑面积宜均等，导管距槽段两侧端部不宜大于 1.5 m。

4 浇筑上升速度宜控制在 3 m/h～5 m/h。

6.4.16 现浇地下连续墙的混凝土浇筑面宜高出设计标高 300 mm～500 mm，凿去浮浆后的墙顶混凝土强度应满足设计要求；混凝土坍落度宜为 180 mm～220 mm，初凝时间不宜小于 8 h；混凝土强度应比设计墙身强度提高等级进行配制。

6.4.17 采用墙底注浆时，应符合相关规范的要求。

6.4.18 预制地下连续墙施工应符合下列要求：

1 应根据运输及起吊设备能力、施工现场道路和堆放场地条件，合理确定分幅和预制件长度，墙体分幅宽度应满足成槽稳定要求。

2 成槽顺序宜先施工转角幅，再施工直线幅。

3 相邻槽段应连续成槽，幅间接头宜采用现浇接头。

4 采用普通泥浆成槽施工的预制地下连续墙，应在墙内预先埋设注浆管；墙体与槽壁之间的空隙应进行注浆固化处理，必要时，槽底可进行加固处理。

5 墙段吊放时，应在导墙上安装导向架。

6.4.19 地下连续墙施工质量检测应符合相关规定。

6.4.20 新拌制泥浆、循环泥浆的性能指标应符合设计及相关规定的要求。对于特殊地质条件下的工程，泥浆性能指标可通过试验作必要调整。

6.4.21 墙身混凝土抗压强度试块每 100 m^3 混凝土不应少于 1 组，且每幅槽段不应少于 1 组，每组为 3 件；墙身混凝土抗渗试块每 5 幅槽段不应少于 1 组，每组为 6 件。

Ⅲ 水泥土重力式围护墙

6.4.22 水泥土重力式围护墙宜采用双轴水泥土搅拌桩或三轴水泥土搅拌桩等形式。采用水泥土重力式围护墙的基坑开挖深度不宜超过 7 m。

6.4.23 双轴水泥土搅拌桩水泥掺量宜取 13%～15%，三轴水泥土搅拌桩水泥掺量宜取 20%～22%，搅拌桩水泥掺量以每立方米加固所拌和的水泥重量与土的重量之比计，土的重度可取 18 kN/m^3。水泥宜采用 P.O 42.5 级普通硅酸盐水泥。

6.4.24 水泥土搅拌桩的强度以 28 d 无侧限抗压强度 q_u 为标准，q_u 不应低于 0.8 MPa。搅拌桩达到设计强度和养护龄期后方可开挖基坑。水泥土重力式围护墙中，兼作隔水帷幕的搅拌桩应满足自防渗要求。

6.4.25 水泥土重力式围护墙施工现场应事先予以平整，清除地下障碍物。遇有明浜、池塘及洼地时，应抽水和清淤后再进行回填。回填应采用素土并予以压实，不得回填杂填土。在暗浜区域，水泥土搅拌桩应适当提高水泥掺量。

6.4.26 水泥土搅拌桩应采用连续搭接的施工方法，应控制桩位偏差和桩身垂直度，并应具有足够的搭接长度形成连续的墙体。

6.4.27 双轴水泥土搅拌站施工应符合下列要求：

1 施工前应根据设计要求进行工艺性试桩，并应根据工艺性试桩结果确定相关施工参数；工艺性试桩数量不应少于 2 根。

2 施工深度不宜超过 18 m；搅拌桩成桩直径和桩长不得小于设计值。

3 成桩应采用两喷三搅工艺，钻头喷浆搅拌提升速度不宜大于 0.5 m/min，钻头搅拌下沉速度不宜大于 1.0 m/min，钻头每转一圈的提升或下沉量以 10 mm～15 mm 为宜，额定浆量在桩身长度范围内应均匀分布。

4 当钻头预搅下沉至预定标高、水泥浆液到达出浆口时，应在水泥浆液与桩端土充分搅拌 30 s 后再提升钻杆。

5 水泥浆液的水灰比应控制在 0.50～0.60 范围内，制备的浆液不得离析，泵送应连续进行。

6 施工中因故停浆时，应将钻头搅拌下沉至停浆点以下 0.5 m 处，待恢复供浆时再喷浆搅拌提升。停机时间超过 3 h 时，宜先拆卸输浆管路，并对管路进行清洗。

6.4.28 当墙体施工深度较深或墙深范围内的土层以砂土为主时，可采用三轴水泥土搅拌桩。三轴水泥土搅拌桩施工与检测应符合本规程第 6.4（Ⅳ）节的有关要求。

6.4.29 钢管、钢筋或毛竹的插入应在水泥土搅拌桩成桩后 16 h 内施工，插入位置和深度应符合设计要求。

6.4.30 水泥土重力式围护墙应按成桩施工期、基坑开挖前和基坑开挖期三个阶段进行质量检测。采用双轴水泥土搅拌桩时，其质量检测应符合下列要求：

1　成桩施工期质量检测包括原材料检查、配合比试验、搅拌和喷浆起止时间等，质量检测应符合表 6.4.30 的规定。

表 6.4.30　成桩施工期质量检测标准

检查项目	允许偏差或允许值	
	单位	数值
桩位定位偏差	mm	≤20
桩底标高	mm	±100
桩顶标高	mm	+100，−50
桩位偏差	mm	≤50
垂直度	—	≤1/100
搭接长度	mm	≥200 或设计要求
搭接桩施工间歇时间	h	≤16

2　基坑开挖前的质量检测宜在围护墙压顶板浇筑前进行。检测内容包括桩身强度和桩数复核。桩身强度检测宜采用制作水泥土试块的方法，也可采用钻取桩芯的方法。水泥土试块试验和钻取桩芯检测应符合下列要求：

1）试块制作应采用 70.7 mm×70.7 mm×70.7 mm 立方体试模，宜每个机械台班抽查 2 根桩，每根桩不应少于 2 个取样点，应在基坑坑底以上 1 m 范围内和坑底以上最软弱土层处的搅拌桩内设置取样点。每个取样点制作 3 件水泥土试块。试块应在水下养护并测定 28 d 龄期的无侧限抗压强度。

2）钻取桩芯宜采用 ϕ110 钻头，在开挖前或搅拌桩龄期达到 28 d 后连续钻取全桩长范围内的桩芯，桩芯应呈硬塑状态并无明显的夹泥、夹砂断层。芯样应立即密封并及时进行强度试验。有效桩长范围内的桩身强度应符合设计要求。取样数量不少于总桩数的 1%且不少于 3 根。每根桩取芯数量不少于 3 点，每点 3 件试块。第一次取芯不合格应加倍取芯，取芯应随机进行。钻取桩芯得到的试块强度宜乘以 1.2～1.3 的系数。钻孔取芯完成后的空隙应及时注浆填充。

3 基坑开挖期应对开挖面桩身外观质量以及桩身渗漏水等情况进行质量检查。

Ⅳ 型钢水泥土搅拌墙

6.4.31 采用在三轴水泥土搅拌桩内插型钢时，应符合现行行业标准《型钢水泥土搅拌墙技术规程》JGJ/T 199 的相关规定；采用在渠式切割水泥土搅拌墙内插型钢时，应符合现行行业标准《渠式切割水泥土连续墙技术规程》JGJ/T 303 的相关规定。

6.4.32 三轴水泥土搅拌桩施工应符合下列规定：

1 施工前应通过成桩试验确定搅拌下沉和提升速度、水泥浆液水灰比等工艺参数及成桩工艺，成桩试验不宜少于 2 根。

2 搅拌下沉速度宜控制在 0.5 m/min～1 m/min 范围内，提升速度宜控制在 1 m/min～2 m/min 范围内，并保持匀速下沉或提升。提升时，不应在孔内产生负压造成周边土体的过大扰动，搅拌次数或搅拌时间应能保证水泥土搅拌桩的成桩质量。

3 水泥土搅拌墙的施工顺序可采用跳打方式、单侧挤压方式、先行钻孔套打方式。对于硬质土层，当成桩有困难时，可采用预先松动土层的先行钻孔套打方式施工。相邻桩的搭接时间间隔不宜大于 24 h。

4 搅拌机头在正常情况下为上、下各 1 次对土体进行喷浆搅拌。对含砂量大的土层，宜在搅拌桩底部 2 m～3 m 范围内上、下重复喷浆搅拌 1 次。

5 对环境保护要求高的基坑工程，宜选择挤土量小的搅拌机头，并应通过试成桩及其监测结果调整施工参数。当邻近保护对象时，搅拌下沉速度宜控制在 0.5 m/min～0.8 m/min 范围内，提升速度宜小于 1 m/min；喷浆压力不宜大于 0.8 MPa。

6.4.33 型钢水泥土搅拌墙中内插型钢的加工制作应满足下列要求：

1 型钢宜采用整材，分段焊接时应采用坡口等强焊接。对接焊缝的坡口形式和要求应符合现行行业标准《建筑钢结构焊接技术规程》JGJ 81 的有关规定，焊缝质量等级不应低于二级。单根型钢中焊接接头不宜超过 2 个，焊接接头的位置宜避免设置在支撑位置或开挖面附近等型钢受力较大处，型钢接头距离坑底面不宜小于 2 m；相邻型钢的接头竖向位置宜相互错开，错开距离不宜小于 1 m。型钢插入允许偏差应符合表 6.4.33 的规定。

表 6.4.33 型钢插入允许偏差

序号	检查项目	允许偏差或允许值	检查数量	检查方法
1	型钢顶标高	±50 mm	每根	水准仪测量
2	型钢平面位置	50 mm(平行于基坑边线)	每根	用钢尺量
		10 mm(垂直于基坑边线)	每根	用钢尺量
3	型钢垂直度	≤1/250	每根	经纬仪测量
4	形心转角	3	每根	量角器测量

2 型钢有回收要求时，接头焊接形式与焊接质量尚应满足型钢起拔要求。

6.4.34 铣削深搅水泥土搅拌墙施工应符合下列规定：

1 正式施工前，应通过试成墙试验确定不同地层条件下等厚度水泥土搅拌墙设备施工能力、成墙工艺、浆液水胶比、挖掘及成墙推进速度等工艺参数，试成墙不应少于 3 幅。

2 导杆式钻具桩机的钻杆及桩架桅杆垂直度偏差均不应大于 1/300。

3 墙体深度不大于 20 m 且无深厚砂层等复杂地层时，可采用顺槽式施工顺序。穿越较厚砂层、填土层等复杂地层成墙或深度大于 20 m 以上的墙体，应采用跳槽式施工顺序。

4 当墙体深度不大于 30 m 且无深厚砂层等复杂地层存在

时，墙体施工可采用单浆液模式；当墙体深度大于 30 m 或进入密实砂层成墙时，应采用双浆液模式。

5 动力头应通过自重下压、匀速钻进，速度不宜大于 50 cm/min，上提速度不宜大于 40 cm/min。

6 采用泵吸置换槽内混合浆液时，混合浆液比重不应大于 1.5。

6.4.35 拟拔出回收的型钢，插入前应先在干燥条件下除锈，再在其表面涂刷减摩材料。完成涂刷后的型钢，在搬运过程中应防止碰撞和强力擦挤。减摩材料如有脱落、开裂等现象，应及时补涂减摩材料。

6.4.36 型钢插入宜在水泥土搅拌墙施工结束后的 30 min 内完成，型钢宜依靠自重插入；相邻型钢焊接接头位置应相互错开，竖向错开距离不宜小于 1 m。

6.4.37 周边环境条件复杂、保护要求高的基坑工程，型钢不宜回收。型钢回收起拔，应在水泥土搅拌墙与主体结构外墙之间的空隙回填密实后进行，型钢拔出后留下的空隙应及时注浆填充，并应编制包括浆液配比、注浆工艺、拔除顺序等内容的施工方案。

6.4.38 水泥土搅拌桩成桩质量检测应符合表 6.4.38 的要求。

表 6.4.38 水泥土搅拌桩成桩质量检测标准

序号	检查项目	允许偏差或允许值	
		单位	数值
1	桩底标高	mm	+100，−50
2	桩位	mm	≤50
3	桩径	mm	±10
4	桩体垂直度	—	≤1/200

6.4.39 等厚度水泥土搅拌墙成墙质量检验应符合表 6.4.39 的规定，墙体宽度及位置偏差可采用浅部开挖验证。

表 6.4.39　等厚度水泥搅拌墙成墙质量标准

序号	检查项目	允许偏差或允许值	检查数量
1	墙体垂直度	≤1/250	每切割幅
2	墙体深度	≥设计值	每切割幅
3	墙体厚度	±30 mm	每切割幅
4	墙体中心线位置	25 mm	每切割幅

6.4.40　插入型钢的质量检测应符合表 6.4.40 的要求。

表 6.4.40　插入型钢的质量检测标准

序号	检查项目	允许偏差或允许值	
		单位	数值
1	型钢垂直度	—	≤1/200
2	型钢长度	mm	±10
3	型钢底标高	mm	0，−30
4	型钢平面位置	mm mm	≤50(平行于基坑方向) ≤10(垂直于基坑方向)
5	行心转角 ϕ	°	≤3

6.4.41　基坑开挖前应检验水泥土搅拌桩的桩身强度，强度指标应符合设计要求。水泥土搅拌桩的桩身强度宜采用浆液试块强度试验的方法确定，也可采用钻取桩芯强度试验的方法确定。采用浆液试块强度试验和钻取桩芯强度试验进行质量检测应符合下列要求：

1　浆液试块强度试验应提取刚搅拌完成而尚未凝固的水泥土搅拌桩浆液。试块制作应采用 70.7 mm×70.7 mm×70.7 mm 立方体试模。试验数量及方法为每台班抽查 2 根桩，每根桩设不少于 2 个取样点，应在基坑坑底以上 1 m 范围内和坑底以上最软弱土层处的搅拌桩内设置取样点，每个取样点制作 3 件水泥土试块。

2　钻取桩芯强度试验宜采用 $\phi110$ 钻头，钻取搅拌桩施工后28 d 龄期的水泥土芯样，钻取的芯样应立即密封并及时进行无侧限抗压强度试验。取芯数量不宜少于总桩数的 2%，且不应少于3 根。每根桩取芯数量为在连续钻取的全桩长范围内的不同深度和不同土层桩芯上取不应少于 5 点，且在基坑坑底附近应设取样点，每点 3 件试块。钻取桩芯得到的试块强度宜乘以 1.2～1.3 的系数。钻孔取芯完成后的空隙应注浆填充。

3　当能够建立静力触探、标准贯入或动力触探等原位测试结果与浆液试块强度试验或钻取桩芯强度试验结果的对应关系时，也可采用试块或芯样强度试验结合原位试验的方法综合检验桩身强度。

6.4.42　等厚度水泥土搅拌墙的强度应采用钻取墙身芯样强度试验的方法确定。取芯检验数量及方法：渠式切割水泥土搅拌墙的取芯孔数量宜每 50 延米取 1 个点，且不应少于 3 个检测点；铣削深搅水泥土搅拌墙的取芯孔数量宜不少于总幅数的 2%，且不应少于 3 个检测点。当钻孔取芯深度不大于 30 m 时，每孔取芯数量不应少于 3 组，每组芯样 3 件试块，宜沿墙深度方向上、中、下均匀分布。当钻孔取芯深度大于 30 m 时，应增加每孔截取芯样的组数，孔深每增加 10 m(不足 10 m 按 10 m 计)截取芯样增加组数不得少于 1 组；钻取芯样宜采用地质钻机和可靠的取芯钻具，钻头直径不宜小于 $\phi110$；用于抗压强度检测的水泥土墙龄期不宜少于 28 d，钻取芯样后留下的空隙应注浆填充。

Ⅴ　渠式切割水泥土连续墙(TRD)

6.4.43　施工前应掌握场地工程地质及环境资料，查明不良地质条件及地下障碍物的详细情况。对水泥土连续墙成墙质量及施工安全有影响的地质条件，应详细调查。应评估成墙施工的环境影响，并采取针对性的技术措施。

6.4.44　施工前应根据工程特点编制施工组织方案，制定应急预案，并宜进行试成墙确定施工工艺及施工参数。

6.4.45 场地路基的承载力应满足渠式切割机和起重机平稳行走、移动的要求；当不能满足时，应进行地基处理。

6.4.46 根据定位控制线开挖导向沟，并在沟槽边设置水泥土墙定位标志。需要插入芯材时，应标出芯材插入位置。

6.4.47 采用现浇钢筋混凝土导墙时，导墙宜筑于密实的土层上，并高出地面 100 mm，导墙净距应比水泥土墙体设计宽度宽 40 mm～60 mm。

6.4.48 应根据地质条件、周边环境、成墙深度及地下障碍物情况，选用合适的渠式切割机械；与其配套的机具性能参数应与成墙深度、成墙宽度相匹配。

6.4.49 渠式切割机应符合以下规定：

1 机架系统应具有水平偏差和垂直度调整功能。

2 操作系统应具有自动操作功能，并应配备监控装置和机具工作状态显示功率值。

3 刀具系统内应安装多段式测斜仪，进行链状刀具平面内和平面外水平位移监测。

6.4.50 渠式切割机的刀具系统应符合以下规定：

1 刀具链节之间、刀具链节与刀头底板之间的连接应牢固，不易松动。

2 刀头应与刀头底板可靠连接并可拆卸。

3 刀头底板应根据地质条件、周边环境、成墙宽度选择适合的排列方式；每组刀头应在墙体宽度方向全断面排列。

6.4.51 注浆泵的工作流量应能调节，其额定工作压力不宜小于 2.5 MPa。

6.4.52 切割液的配合比应结合土质条件和机械性能指标通过试验确定，也可按表 6.4.52 选用。遇有机质含量高的软土、盐渍土、污染土等特殊性土时，必须通过室内和现场试验确定切割液的配合比。

表 6.4.52　切割液的配合比(每立方米土体)

土层类型＼材料	膨润土(kg)	增黏剂配合比(%)
黏性土	0～5	—
粉细砂、粉土	5～15	—
中砂、粗砂	15～25	0～1.0
砾砂、砾石	25～50	0～2.5
卵石、碎石	40～75	0～5.0

6.4.53　固化液的水泥用量宜通过室内和现场试验确定,淤泥和淤泥质土中应提高水泥掺量或掺加外加剂。

6.4.54　主机应平稳、平正,机架垂直度偏差应小于 1/250;链状刀具的组装应符合以下规定:

1　应采用现场成槽、在土层中垂直插入链状刀具箱节的组装方式。

2　应首先将带有随动轮的箱节与主机连接。

3　应将箱节逐节连接,使其长度逐步达到起始墙幅的成槽深度,满足水泥土墙的设计深度要求。

6.4.55　根据土质条件、机械的水平推力、箱式刀具各组成部位的工作状态及其整体偏位,选择向下或向上切割方式。必要时,可交错使用上述两种切割方式。

6.4.56　当土层强度低或深度浅时,可采用一步施工法。下列情况应采用三步施工法:

1　切割土层较硬。

2　墙体深度深。

3　墙体防渗要求高。

6.4.57　切割、搅拌土体时未进行固化的最大成槽长度应根据周边环境、土质条件确定,一般不宜超过 6 m。

6.4.58　链状刀具的步进距离不宜大于 50 mm。

6.4.59 三步施工法及型钢插入过程中，沟槽应预留链状刀具养护的空间，链状刀具端部和原状土体边缘的距离不应小于500 mm。成槽长度宜大于注浆墙幅宽度2 m。

6.4.60 施工过程中应检查链状刀具的工作状态以及刀头的磨损度，及时维修、更换和调整施工工艺。

6.4.61 无法连续作业时，链状刀具应在沟槽养护段养护，养护段不得注入固化液。长时间养护时，应在切割液中添加外加剂，防止刀具无法再次启动。

6.4.62 停机后再次启动链状刀具时，应同时满足下列要求：

1 应首先在原位切割刀具边缘的土体。

2 应回行切割，回行切割已施工的墙体长度不宜小于500 mm。

6.4.63 在硬质土层中切割困难时，可采用刀头加长、步进距离减小、上下切割方式交错使用以及回行反复切割等措施。

6.4.64 施工至转角位置时，链状刀具应拔出、拆卸、改变方向并重新组装。

6.4.65 链状刀具的拔出与拆分应符合下列规定：

1 拔出前，链状刀具应与主机分离并拆分。

2 链状刀具拔出时，沟槽内应及时注入固化液，固化液填充速度应与链状刀具拔出速度相匹配。

3 拔出后的每段链状刀具应在地面作进一步拆分和检查，损耗部位应保养和维修。

6.4.66 水泥土墙施工中产生的涌土应及时清理。若长时间停止施工，应清洗全部管路中残存的水泥固化液。

6.4.67 水泥土墙成墙施工过程应采用信息化技术施工。

6.4.68 渠式切割水泥土搅拌墙施工应符合下列规定：

1 正式施工前，应通过试成墙试验确定不同地层条件下等厚度水泥土搅拌墙设备施工能力、成墙工艺、浆液水胶比、挖掘及成墙推进速度等工艺参数，试成墙长度不宜小于6延米。

2 主机就位应对中，平面偏差不应超过±20 mm，导向架的垂直度偏差不应大于1/300。

3 等厚度水泥土搅拌墙的施工方法可采用一步施工法、两步施工法和三步施工法，施工方法的选用应综合考虑土质条件、墙体性能、墙体深度和环境保护要求等因素。

4 先行挖掘及回撤挖掘过程中稳定液水胶比宜控制在10～20，切割箱养生过程中稳定液水胶比宜控制在5～10。

5 稳定液混合泥浆流动度应控制在135 mm～240 mm，水泥浆液混合泥浆流动度应控制在150 mm～280 mm；浆液流量应与搅拌推进速度相匹配。

6 需拔出切割箱时，宜在墙体外拔出，并应及时回灌水泥浆液。

6.4.69 拟回收的型钢，插入前应在干燥条件下清除表面污垢和铁锈，其表面应涂敷减摩材料。型钢搬运过程中应防止碰撞和强力擦挤；当有涂层开裂、剥落等现象时，应及时补救。

6.4.70 型钢插入时，链状刀具应移至对型钢插入无影响的位置。型钢宜在水泥土墙施工结束后30 min内插入，插入前应检查其垂直度和接头焊缝质量。

6.4.71 型钢插入应采用定位导向架；型钢插入到位后应控制型钢顶标高，并采取避免邻近渠式切割机施工造成其移位的措施。

6.4.72 型钢宜依靠自重插入，当插入困难时，可采用辅助措施下沉。采用振动锤下沉工艺时，应充分考虑其对周围环境的影响。严禁多次重复起吊型钢。

6.4.73 型钢有回收要求时，应对型钢表面残留的构件和电焊疤进行清除和处理。起拔前，水泥土搅拌墙和主体结构地下室外墙之间的孔隙应回填密实。

6.4.74 型钢起拔宜采用专用液压起拔机。型钢拔除时，应继续进行围护结构和周边环境的监测。

6.4.75 型钢回收后，应进行校正、修复处理，并对其截面尺寸和强度进行复核。

Ⅵ　灌注桩排桩围护墙

6.4.76　灌注桩排桩围护墙由灌注桩和隔水帷幕构成，隔水帷幕宜设置在灌注桩外侧，在局部场地空间不足或在粉性土、砂土较厚的地层中也可采用套打式布置。

6.4.77　灌注桩排桩围护墙的施工应符合现行上海市工程建设规范《钻孔灌注桩施工规程》DG/TJ 08—202 的相关规定。

6.4.78　施工前应试成孔，试成孔数量应根据工程规模和场地地质条件确定，且不宜少于 2 个。

6.4.79　灌注桩排桩应采用间隔成桩的施工顺序，刚完成混凝土浇筑的桩与邻桩成孔安全距离不应小于 4 倍桩径，或间隔时间不应少于 36 h。

6.4.80　钢筋笼应设置加强箍筋，加强箍筋应满足吊放过程中钢筋笼的整体性要求，钢筋笼骨架不得产生不可恢复的变形。加强箍筋应焊接封闭，直径不宜小于 12 mm，间距不宜大于 2 m。

6.4.81　灌注桩排桩顶泛浆高度不应小于 500 mm，设计桩顶标高接近地面时桩顶混凝土泛浆应充分，凿去浮浆后桩顶混凝土强度应满足设计要求。混凝土强度应比设计桩身强度提高等级进行配制。

6.4.82　灌注桩排桩围护墙桩身范围内存在较厚的粉性土、砂土层时，宜适当提高泥浆比重和增加泥浆黏度，必要时，可采用膨润土泥浆护壁。

6.4.83　隔水帷幕采用水泥土搅拌桩或等厚度水泥土搅拌墙时，宜先施工隔水帷幕，再施工灌注桩排桩。水泥土搅拌桩或等厚度水泥土搅拌墙隔水帷幕施工和检测应符合下列要求：

1　双轴水泥土搅拌桩隔水帷幕的施工和检测应符合本规程第 6.4(Ⅲ)节的相关要求。三轴水泥土搅拌桩和等厚度水泥土搅拌墙隔水帷幕的施工和检测应符合本规程第 6.4(Ⅳ)节的相关要求。

2 双轴水泥土搅拌桩垂直度偏差不应大于 1/150；三轴水泥土搅拌桩垂直度偏差不应大于 1/200；等厚度水泥土搅拌墙垂直度偏差不应大于 1/250。

3 相邻桩的搭接时间间隔不宜大于 24 h。

6.4.84 特殊情况下采用高压喷射注浆法作为局部隔水帷幕时，施工应符合下列要求：

1 高压喷射注浆法施工应符合相关规范的要求。

2 应采用复喷工艺，喷浆下沉或提升速度不应大于 100 mm/min。

3 垂直度偏差不应大于 1/150。

6.4.85 灌注桩排桩围护墙施工质量检测应符合相关要求。

6.4.86 应采用低应变动测法检测桩身完整性，检测桩数不宜少于总桩数的 2%，且不得少于 5 根。抗压强度试块每 50 m^3 混凝土不应少于 1 组试块，且每台班不应少于 1 组试块。

Ⅶ 预制钢筋混凝土板桩围护墙

6.4.87 预制钢筋混凝土板桩常用截面形式有矩形、T 形和 I 形。

6.4.88 邻近建(构)筑物及地下管线的板桩围护墙，宜采用静力压桩法施工，并根据监测情况控制压桩速率。

6.4.89 板桩可采用单桩打入、排桩打入、阶梯打入等方法，板桩最后闭合处宜采用屏风法沉桩。

6.4.90 锤击法沉桩时，应采用重锤低击，并设置桩帽和桩垫。

6.4.91 混凝土板桩施工应符合下列要求：

1 混凝土板桩构件强度达到设计强度 30%后方可拆模，达到设计强度的 70%以上方可吊运，达到设计强度 100%后方可沉桩。

2 混凝土板桩打入前应进行桩体外形、裂缝、尺寸等检查。

3 混凝土板桩的始桩应较一般桩长 2 m～3 m，转角处应设置转角桩。

4 混凝土板桩间的凹凸棒应咬合紧密。

6.4.92 混凝土板桩围护墙施工质量检测应符合表6.4.92的要求。

表6.4.92 混凝土板桩围护墙施工质量检测标准

序号	检查项目	允许偏差或允许值	
		单位	数值
1	成桩垂直度	—	≤1/100
2	桩身弯曲度	—	<0.1%L
3	轴线位置	mm	≤100
4	桩顶标高	mm	±100
5	桩长	mm	+10,0
6	板缝间隙	mm	≤20

注:L 为桩长。

Ⅷ 钢板桩围护墙

6.4.93 钢板桩常用截面形式有U形、Z形、直线形、组合型等。

6.4.94 邻近建(构)筑物及地下管线的板桩围护墙,宜采用静力压桩法施工,并根据监测情况控制压桩速率。

6.4.95 板桩可采用单桩打入、排桩打入、阶梯打入等方法,板桩最后闭合处宜采用屏风法沉桩。

6.4.96 锤击法沉桩时,应采用重锤低击,并设置桩帽和桩垫。

6.4.97 钢板桩施工应符合下列要求:

1 钢板桩的规格、材质及排列方式应符合设计或施工工艺要求。钢板桩堆放场地应平整坚实,组合钢板桩堆高不宜超过3层。

2 钢板桩桩体不应弯曲,锁口不应有缺损和变形;后续桩与先打桩间的钢板桩锁口使用前应通过套锁检查。

3 桩身接头在同一标高处不应超过50%,接头焊缝质量不应低于Ⅱ级焊缝要求。

4 钢板桩拔出后的空隙应及时注浆充填密实。

6.4.98 钢板桩围护墙施工质量检测应符合表 6.4.98 的要求。

表 6.4.98 钢板桩围护墙施工质量检测标准

序号	检查项目	允许偏差或允许值	
		单位	数值
1	成桩垂直度	—	≤1/100
2	桩身弯曲度	—	<2%L
3	轴线位置	mm	≤100
4	桩顶标高	mm	±100
5	桩长	mm	+100,0
6	齿槽咬合程度	—	紧密

注:L 为桩长。

Ⅸ 咬合桩围护墙

6.4.99 咬合桩分Ⅰ和Ⅱ两序跳孔施工,Ⅱ序桩施工时利用成孔机械切割工序桩身,形成连续的咬合桩墙。

6.4.100 咬合切割分为软切割和硬切割。软切割应采用全套管钻孔咬合桩机、旋挖桩机施工,硬切割应采用全回转全套管钻机施工。

6.4.101 咬合桩施工前,应沿咬合桩两侧设置导墙,导墙上的定位孔直径应大于套管或钻头直径 30 mm~50 mm,导墙厚度宜为 200 mm~500 mm。导墙结构应建于坚实的地基上,并能承受施工机械设备等附加荷载。套管的垂直度偏差不应大于 2‰。

6.4.102 桩垂直度偏差不应大于 3‰,桩位偏差值应小于 10 mm,桩孔口中心允许偏差应为±10 mm。

6.4.103 采用全套管钻孔时,应保持套管底口超前于取土面且深度不小于 2.5 m。

6.4.104 全套管法施工时,应保证套管的垂直度,钻至设计标高后,应先灌入 2 m^3 ~3 m^3 混凝土,再将套管搓动(或回转)提升

200 mm～300 mm。边灌注混凝土边拔套管，混凝土应高出套管底端不小于 2.5 m。地下水位较高的砂土层中，应采取水下混凝土浇筑工艺。

6.4.105 采用回转钻头和旋挖钻机施工时，应使用泥浆护壁成孔，并应符合相关规范规定。

6.4.106 采用软切割工艺的桩，Ⅰ序桩终凝前应完成Ⅱ序桩的施工，Ⅰ序桩应采用超缓凝混凝土，缓凝时间不应小于 60 h；干孔灌注时，坍落度不宜大于 140 mm，水下灌注时，坍落度宜为 180 mm～220 mm；混凝土 3 d 强度不宜大于 3 MPa。软切割的Ⅱ序桩及硬切割的Ⅰ序、Ⅱ序桩应采用普通商品混凝土。

6.4.107 分段施工时，应在施工段的端头设置一个用砂灌注的Ⅱ序桩用于围护桩的闭合处理。

6.4.108 防止钢筋笼上浮宜采取下列措施：

1 混凝土配制宜选用 5 mm～20 mm 粒径碎石，并可调整配比确保其和易性。

2 钢筋笼底部宜设置配重。

3 钢筋笼可设置导正定位器。

4 采用导管法浇筑时不宜使用法兰式接头的导管，导管埋深不宜大于 6 m。

Ⅹ 换填法

6.4.109 换填法适用于淤泥、淤泥质土、素填土、杂填土和冲填土等浅层软弱土层的换填及场地的填筑处理。

6.4.110 换填法垫层材料包括砂（或砂石）、碎石、粉质黏土、灰土、高炉干渣（又称高炉重矿渣，以下简称干渣）、粉煤灰、轻质泡沫混凝土、土工合成材料和聚苯乙烯板块（EPS）等。在有充分依据或成功经验时，也可采用其他材料，但必须进行现场试验证明其技术经济效果良好、质量指标可控、施工及检测措施完善。

6.4.111 对于工程量较大或有特殊要求的换填垫层，应按所选用的换填材料、场地土质条件及施工机械、施工方法等进行现场试验，以确定合适的设计施工参数及质量标准。

6.4.112 垫层的施工方法及分层铺垫厚度、每层压实（振捣）遍数、施工机械性能等技术参数宜通过现场试验确定。

6.4.113 填筑材料严禁混入垃圾，含草皮、生活垃圾、树根、腐殖质的土严禁作为填料。填筑前，应清除杂草、树根等杂物以及表层耕土；在明（暗）浜、水槽、水田地区，还应清除淤泥及腐殖土。

6.4.114 泥炭、淤泥、淤泥质土、有机质土及易溶盐超过允许含量的土，以及液限大于 50%、塑性指数大于 26、不适宜直接压实的细粒土，不得直接用于填筑材料。需使用时，必须采取技术措施进行处理，经检验满足设计要求后方可使用。

6.4.115 应防止地表水和地下水渗流入填筑区，并应排除积水。不得在浸水条件下施工换填垫层，必要时应采用降低地下水位等处理措施或施工工艺。

6.4.116 垫层施工应根据不同的换坡材料选择施工机械。

砂垫层施工宜采用平板振动器分层振实，第一分层（底层）松砂铺设厚度宜为 150 mm～200 mm，应小心夯实并防止扰动坑底原状土。其余每层虚铺厚度可取 200 mm～250 mm。

干渣垫层小面积施工宜采用平板振动器分层振实，每层虚铺厚度宜为 200 mm～250 mm，大面积施工宜采用压路机、推土机或振动压路机分层碾压，每层虚铺厚度宜不大于 350 mm，单位面积振动时间应不少于 60 s。

粉煤灰垫层宜采用平板振动器、蛙式打夯机、压路机和振动压路机等分层压实，每层虚铺厚度宜为 200 mm～300 mm，压实厚度宜为 150 mm～200 mm。

粉质黏土、灰土宜采用平碾、振动碾或羊足碾等分层碾压，中小型工程也可采用蛙式夯、柴油夯等分层夯实，每层虚铺厚度宜为 200 mm～300 mm。

6.4.117 开挖基坑时应避免坑底土层扰动，可保留 200 mm 厚土层暂不挖去，待铺填垫层前再挖至设计标高，如有浮土必须清除。当坑底为软土时，应在与土面接触处铺一层细砂或土工织物起反滤作用，其厚度不计入垫层设计厚度内。

6.4.118 开挖基坑时应妥善保护基坑边坡稳定，防止土坍塌混入垫层中。如果坑壁土质为松散杂坡土或垫层宽度不能满足 45°扩散时，宜砌筑砖壁保护。应避免坑边上方明排水或坑壁旧管道残留水倒灌入基坑。

6.4.119 干渣垫层小面积铺填时，可用 8 mm～40 mm 与 40 mm～60 mm 的分级干渣或 0～60 mm 的混合干渣；大面积铺填时，可采用混合干渣或原状干渣，原状干渣最大粒径应不大于 200 mm 或不大于碾压分层虚铺厚度的 2/3。

6.4.120 粉煤灰垫层施工应符合以下要求：

1 对过湿的粉煤灰应沥干装运，装运时含水量宜为 15%～25%。底层粉煤灰宜选用较粗的灰，并使含水量稍低于最优含水量。

2 粉煤灰垫层填筑应分层铺筑与碾压，设置泄水沟或排水盲沟。垫层四周宜设置具有防冲刷功能的帷幕。

3 粉煤灰垫层施工时宜当天铺筑压实。若压实时呈松散状，则应洒水湿润再压实，洒水的水质应不含油质，pH＝6～9。

4 粉煤灰垫层施工最低气温应不得低于 0 ℃，以防粉煤灰含水冻胀。

5 每层粉煤灰垫层经验收合格后，应及时铺筑上层或采用封层，以防干燥松散起尘污染环境，并禁止车辆在其上行驶通行。

6.4.121 施工控制含水最宜采用垫层材料的最优含水量 w_{op}。粉质黏土和灰土垫层土料的施工含水量宜控制在最优含水量 $w_{op}\pm2\%$范围内，粉煤灰垫层的施工含水量宜控制在 $w_{op}\pm4\%$范围内。最优含水量宜通过击实试验确定，也可根据经验取用。

6.4.122 粉质黏土及灰土垫层分段施工时，不得在柱基、墙角及承重窗间墙下接缝。上、下两层的缝距应不小于 500 mm。接缝处应夯压密实。灰土应拌和均匀并应当日铺填夯压。灰土夯压密实 3 d 内不得受水浸泡。

6.4.123 土工合成材料垫层施工应符合以下要求：

1 筋材在铺设时，应将强度高的方向置于垂直于路堤、堤坝轴线方向。

2 筋材之间的连接应牢固。在受力方向连接处的强度不得低于材料设计抗拉强度。

3 筋材铺设不允许有褶皱，应用人工拉紧，必要时可采用插钉等措施固定土工合成材料于填土层表面。

4 加筋垫层施工应将筋材定位。

5 铺设筋材的土层表面应平整，表面严禁有碎、块石等坚硬凸出物；在距土工合成材料层 80 mm 以内的路堤填料，其最大粒径不得大于 60 mm。

6 填料应分层摊铺、分层碾压，所选坡料及其压实度应满足设计规定的要求。软弱地基上填土应按设计要求进行。

7 土工合成材料摊铺以后应及时填筑坡料，间隔时间不应超过 48 h。

8 回填填料时，应按先两侧后中央的顺序分层回填，并应控制施工速率。

6.4.124 聚苯乙烯板块(EPS)垫层施工应符合以下要求：

1 聚苯乙烯板块块体在工地堆放时，应采取防火、防风、防雨水滞留、防有机溶剂及石油类油剂侵蚀等保护措施，并应避免强阳光直接照射。

2 施工基层应厚度均匀、密实且保持干燥，宽度宜超过路基边缘 0.5 m～1.0 m。

3 非标准尺寸聚苯乙烯板块块体宜在生产车间加工。现场加工时，宜用电热丝进行切割。

4 聚苯乙烯板块块体应逐层错缝铺设。允许偏差范围之内的缝隙或高差，可用砂或无收缩水泥砂浆找平。

5 严禁重型机械直接在聚苯乙烯板块块体上行驶；与其他

填料路基或原路基的接头处，聚苯乙烯板块块体应呈台阶状铺设；块体之间的联结应牢固，联结件应进行防锈处理。

6 聚苯乙烯板块块体顶面的钢筋混凝土薄板、土工膜或土工织物等，应覆盖全部聚苯乙烯板块块体，并向土质护坡延伸 0.5 m～1.0 m，土质护坡坡面法向厚度应不小于 0.25 m。

6.4.125 冲击碾压法施工应符合以下要求：

1 施工应根据具体的地形地貌、土质条件、等级、工期要求等因素综合确定，施工前应进行试验段工程。

2 铺筑试验段应达到以下目的：确认合适的冲击压路机型号；检验冲击碾压的预期效果；确定合适的施工工艺、质量检测方法以及合理的质量控制标准。

3 冲击碾压宽度不宜小于 6 m，工作面较窄时需设置转弯车道；冲压最短直线距离不宜少于 100 m，冲压边角及转弯区域应采用其他措施压实。

4 当细粒土含量大于等于 50%时，冲击碾压时的含水量 w 宜控制在 $(w_{op}-4\%)\leqslant w\leqslant(w_{op}+2\%)$；当细粒土含量小于 50%时，含水量 w 宜控制在 $(w_{op}-3\%)\leqslant w\leqslant(w_{op}+2\%)$；含水量超出以上范围时，需经试验论证确定控制范围。

5 土质填料压实系数应不小于 0.90。

6 地下水位应控制到碾压面以下 1.5 m。

7 施工应考虑对居民、建筑物等周围环境可能带来的影响，并采取相应的减振隔振措施。

8 施工应制定相关安全保障措施，杜绝违章施工，做到安全生产。

6.4.126 垫层竣工验收合格后，应及时进行基础施工与基坑回填。

Ⅺ 预压法

6.4.127 预压法分为堆载预压和真空预压两类，适用于淤泥质土、淤泥、冲填土、素填土等软弱地基，真空预压适用于能在加固区形成

(包括采取措施后)稳定负压边界条件的软弱地基。预压法可用于油罐地基、堆场、道路、机场、港区陆域、大面积填土等工程。

(a) 堆载预压法

6.4.128 塑料排水带的性能指标必须符合设计要求。塑料排水带在现场应妥善保护,防止阳光照射、雨水浇淋、破损或污染,破损或污染的塑料排水带不得在工程中使用。

6.4.129 砂井的灌砂量应按井孔的体积和砂在中密时的干密度计算,其实际灌砂量不得小于计算值的 95%。

灌入砂袋的砂宜用干砂,并应灌制密实。砂袋或塑料排水带放入孔内至少应高出砂垫层 100 mm。

6.4.130 袋装砂井和塑料排水带施工所用钢管内径宜略大于二者尺寸。袋装砂井或塑料排水带施工时,平面井距偏差应不大于井径,垂直度偏差宜小于 1.5%,拔管后带上砂袋或塑料排水带的长度不宜超过 500 mm。回带的根数不宜超过总根数的 5%。

6.4.131 塑料排水带应有良好的透水性、强度和纵向通水量。整个排水带应反复对折 5 次不断裂才认为合格。塑料排水带施工所用套管应保证插入地基中的带子不扭曲。塑料排水带需要接长时,应采用建膜内芯板平搭接的连接方式,搭接长度宜大于 200 mm。

6.4.132 对堆载预压工程,应根据设计要求分级逐渐加载。在加载过程中应每天进行竖向变形量、水平位移及孔隙水压力等项目的监测,且根据监测资料控制加载速率。竖向变形最每天不宜超过 10 mm~15 mm,水平位移每天不宜超过 4 mm~7 mm,孔隙水压力系数 $\Delta u/\Delta p$ 不宜大于 0.6,并且应根据上述监测资料综合分析、判断地基的稳定性;也可根据实际情况参照类似工程调整上述控制值。

(b) 真空预压法

6.4.133 真空顶压的施工应按如下顺序进行:

1 铺设排水垫层。

2 设置竖向排水体。

3 在排水垫层中埋设滤管。

4 在加固区边缘挖沟。

5 铺膜、坡沟、安装并连接抽气管道和射流泵。

6 检验密封情况并进行试抽。

7 确认一切正常后正式抽真空。

6.4.134 真空顶压应根据场地大小、形状及施工能力，将加固场地分成若干区，各区之间根据加固要求可搭接或有一定间距，每个加固区必须用整块密封薄膜覆盖。

6.4.135 竖向排水体施工质量要求应满足相关规范要求。

6.4.136 真空预压的抽气设备宜采用射流真空泵，空抽时必须达到 95 kPa 以上的真空吸力，其数量应根据加固面积确定，每个加固场地至少应设置 2 台射流真空泵。

6.4.137 真空管路的连接点应严格进行密封，在真空管路中应设置止回阀和闸阀。

水平向分布滤水管，可采用条状、梳齿状、羽字状或目字状等型式，滤水管布置宜形成回路。滤水管应设在排水砂垫层中，其上覆盖厚度 100 mm～200 mm 的砂层。滤水管可采用钢管或塑料管，外包尼龙纱、土工织物或棕皮等滤水材料，滤水管之间的连接宜用柔性接头。

6.4.138 密封膜应采用抗老化性能好、韧性好、抗穿刺能力强的不透气材料。密封膜热合粘结时宜用两条膜的热合粘结缝平搭接，搭接宽度应大于 15 mm。

密封膜的厚度宜为 0.12 mm～0.16 mm，可铺设 2 层或 3 层，覆盖膜周边可采用挖沟折铺、平铺并用黏土压边、围埝沟内覆水以及膜上全面覆水等方法进行密封。当处理区有充足水源补给的透水层和有明显露头的透气层时，应采用封闭式截水墙（如水泥土搅拌桩或黏土搅拌桩）形成防水帷幕等方法以隔断透水层。

6.4.139 真空预压区在铺密封膜前，应认真清理平整砂垫层、拣除贝壳及带尖角石子、填平打设袋装砂井或塑料排水带时留下的孔洞。铺膜应选择在无风无雨天气一次铺完，铺设好的薄膜应及时用重物压好。每层膜铺好后，应认真检查、及时补洞，待其符合要求后，再铺下一层。

6.4.140 采用真空-堆载联合预压时，先进行抽真空，当真空压力达到设计要求并稳定后再进行堆载，并继续抽真空，堆载时需在膜上铺放编织布等保护材料。当堆载较大，出现向加固区外位移和正孔隙水压力时，必须控制堆载速率。

6.4.141 施工现场必须保证连续供电。真空度可一次抽真空至最大，当连续 5 d 实测沉降速率不大于 2 mm/d 或取得数据满足工程要求时，可停止抽真空。

6.4.142 真空预压施工期间，应进行真空度、地面沉降、深层竖向变形、孔隙水压力等项目的监测。真空预压加固区周边有建筑物时，还应进行深层侧向位移和地表边桩位移监测。

Ⅻ 强夯法

6.4.143 强夯法适用于处理砂土、素填土、杂填土与粉性土。在粉性土和黏性土地层中，且对变形控制要求不严的工程可采用强夯置换法，但施工前必须通过现场试验确定其适用性和加固效果。对于饱和夹砂黏性土地层，可采用降水联合低能级强夯法。

强夯法(包括强夯置换法、降水联合强夯法)可用于机场跑道、码头堆场、油罐、贮仓等空旷场地的工程。

6.4.144 强夯施工前，应在施工现场有代表性的场地上进行试验性施工，确定其适用性、加固效果和施工工艺。试验区数量应根据场地复杂程度、工程规模、工程类型及施工工艺等确定。

6.4.145 强夯施工场地应平整，并能承受夯击机械的重力；施工前，应查明施工区周围及场地范围内需保护的建筑物、地下构筑物、挡土墙和地下管线等的位置及标高等，并采取减震沟等必要的减震隔振措施。

6.4.146 强夯法地基处理过程中应做到动态化设计和信息化施工。

6.4.147 强夯主要施工机其设备的选用应符合下列规定：

1 起重机：起重能力可按锤重和落距确定。宜采用起重能力为 15 t 以上的腰带式起重机或其他专用设备，起吊高度为 5 m～30 m；夯击时应采取辅助门架或其他安全措施防止臂杆后仰，接地压力应小于地基承载力设计值。

2 夯锤：宜采用圆柱形钢制或铸铁制的平锤或柱锤，质量为 8 t～40 t，夯锤应设置 3 个～6 个上下贯通的气孔，孔径 250 mm～300 mm，锤底面积为 4 m^2～5 m^2，锤底静接地压力宜为 20 kPa～80 kPa。对黏性土或加固深度小于 5 m 时，取小值；对砂性土、含水量小于 25％的土或加固深度大于 5 m 时，取大值。强夯置换锤底静接地压力宜为 100 kPa～300 kPa，柱锤底面积宜为 1.1 m^2～2.5 m^2。

3 脱钩：落锤时宜采用自动脱钩，自动脱钩要有足够强度，且施工灵活。

6.4.148 当地下水位距地表 2 m 以下且表层为非饱和土时，可直接进行夯击；当地下水位较高不利于施工或表层为饱和土时，宜采用人工降低地下水位或铺填 0.5 m～2.0 m 的松散性材料(如中砂、粗砂、砂砾或山皮土、煤渣、建筑垃圾或性能稳定的工业废渣等)后进行夯击。坑内或场地如遇积水应及时排除。

6.4.149 施工前应查明场地范围内的地下构筑物和各种地下管线的位置及标高等，必要时采取相应的防振或隔振措施，施工时应由距邻近建筑物近处向远处夯击。

强夯振动的安全距离为 10 m～15 m，当强夯施工所产生的振动对邻近建筑物或设备会产生有害影响时，应设置监测点，并采取挖隔振沟等隔振或防振措施。

6.4.150 雨季施工应及时采取有效措施，以防夯坑积水。加固区周围应设置排水沟。若加固区边长大于 30 m 时，场地内应挖纵横向排水沟，最大排水距离为 15 m。

6.4.151 强夯施工可按下列步骤进行：

1 清理并平整施工场地。

2 标出第一遍夯点位置，并测量场地高程。

3 起重机就位，使夯锤对准夯点位置。

4 测量夯前锤顶高程。

5 将夯锤起吊至预定高度，待夯锤脱钩自由下落后，放下吊钩，测量锤顶高程。

6 重复步骤 5，按设计规定的夯击击数及控制标准，完成 1 个夯点的夯击。

7 重复步骤 6，完成第一遍全部夯点的击数。

8 用推土机将夯坑填平，并测量场地高程。

9 在规定的间隔时间后，按上述步骤逐次完成全部夯击遍数，再用低能量满夯将场地表层松土夯实，碾压后测量夯后场地高程。

6.4.152 强夯置换法施工可按下列步骤进行：

1～4 同第 6.4.151 条第 1～4 步。

5 夯击并逐击记录夯坑深度。当夯坑过深而发生起锤困难停夯时，向坑内填料直至与坑顶平，记录填料数量，如此重复直至满足规定的夯击次数及控制标准完成一个墩体的夯击。当夯点周围软土挤出影响施工时，可随时清理并在夯点周围铺填碎石，继续施工。

6 按由内而外、隔行跳打原则完成全部夯点的施工。

7～8 同第 6.4.151 条第 8～9 步。

6.4.153 降水联合低能级强夯法施工可按下列步骤进行：

1 平整场区，安装设置降排水系统，并预埋水位观测管，然后进行第一遍降水。

2 动态监测地下水位变化，当达对设计水位并稳定至少 2 d

后，拆除场区内的降水设备，然后标记夯点位置进行第一遍强夯。

3 一遍夯后即可插设降水管，安装降水设备进行第二遍降水。

4 按照设计的强夯工艺进行第二遍强夯施工。

5 重复步骤3和4，直至达到设计的强夯遍数。

6 全部夯击结束后进行推平和碾压。

6.4.154 施工过程中应有专人负责下列监测工作：

1 开夯前应检查夯锤质量和落距，以确保单击夯击能量符合设计要求。

2 在每一遍夯击前，应对夯点放线进行复核，夯完后检查夯坑位置，发现偏差或漏夯应及时纠正。

3 按设计要求检查每个夯点的夯击次数和每击的夯沉量。对强夯置换尚应检查置换深度。对降水联合低能级强夯尚应动态监测地下水位变化。

6.4.155 施工过程中应对各项参数及情况进行详细记录。

XIII 水泥土搅拌法

6.4.156 水泥土搅拌法分为深层搅拌法（以下简称湿法）和粉体喷搅法（以下简称干法）。

6.4.157 水泥土搅拌法适用于处理正常固结的淤泥与淤泥质土、粉性土、素填土、黏性土以及无流动地下水的饱和松散砂土等地基。当地基土的天然含水量小于30%、大于70%或地下水的pH值小于4时，不宜采用干法。

6.4.158 水泥土搅拌法用于处理有机质土、塑性指数 I_p 大于25的黏土、地下水具有腐蚀性以及无工程经验的地区时，必须通过现场试验确定其适用性。在建筑工程中不应采用干法。

6.4.159 水泥土搅拌法形成的水泥土加固体，可作为竖向承载的复合地基、围护地基、被动区加固、洞门加固、防渗帷幕等。加固体形状可分为柱状、壁状、格栅状和块状。水泥土搅拌法可与堆载预压法、真空预压法及刚性桩联合应用。

6.4.160 确定加固方案前应查明加固区域内详细的工程地质资料，包括填土层的厚度和组成；软土层的分布范围、分层情况、含水量、塑性指数和有机质含量；地下水的侵蚀性等资料。

6.4.161 设计前应进行拟处理土的室内水泥土配比试验，针对现场拟处理的主要软土的性质，选择合适的固化剂、外掺剂及其掺量，为设计提供各种龄期、各种配比的强度参数。对竖向承载的水泥土强度宜取 90 d 龄期试块的立方体抗压强度平均值；对承受水平荷载的水泥土强度宜取 28 d 龄期试块的立方体抗压强度平均值。

6.4.162 水泥土搅拌法施工现场事先应予平整，必须清除地上和地下的一切障碍物。遇明浜、塘及场地低洼时，应抽水和清淤，分层夯实回填黏性土料，不得回填杂填土或生活垃圾。开机前必须调试，检查桩机运转和输料管畅通情况。

6.4.163 水泥土搅拌桩施工前应根据设计进行工艺性试桩，数量不得少于 2 根。当桩周为成层土时，应对相对软弱土层增加搅拌次数或增加水泥掺量。

6.4.164 水泥土搅拌桩的喷浆(粉)量和搅拌深度必须采用经国家计量部门认证的监测仪器进行自动记录。

6.4.165 搅拌头翼片的枚数、宽度、与搅拌轴的垂直夹角、搅拌头的回转数、提升速度应相互匹配，钻头每转一圈的提升(或下沉)量以 1.0 cm～1.5 cm 为宜，以确保加固深度范围内土体的任何一点均能经过 20 次以上的搅拌。

6.4.166 成桩应采用重复搅拌工艺，必须确保全桩长在喷浆(粉)后上、下至少再重复搅拌 1 次。

6.4.167 承重水泥土桩施工时，设计停浆(灰)面宜高出基础底面标高 300 mm～500 mm；在开挖基坑时，应将该施工质量较差段用人工挖除。

6.4.168 施工中应保持搅拌桩机底盘的水平和导向架的竖直，搅拌桩的垂直偏差不得超过1%;桩位的偏差不得大于50 mm;成桩直径和桩长不得小于设计值。

6.4.169 当水泥土搅拌桩作为承重桩在开挖基坑时,基底标高以上0.3 m宜采用人工开挖,以防止发生桩顶与挖土机械碰撞断裂现象。

6.4.170 水泥土搅拌法施工步骤由于湿法和干法的施工设备不同而略有差异。其主要步骤应为:

1 搅拌机械就位、调平。

2 预搅下沉至设计加固深度。

3 边喷浆(粉)、边搅拌提升直至预定的停浆(灰)面。

4 重复搅拌下沉至设计加固深度。

5 根据设计要求,喷浆(粉)或仅搅拌提升直至预定的停浆(灰)面。

6 关闭搅拌机械。

在预(复)搅下沉时,也可采用喷浆(粉)的施工工艺。

(a) 湿　法

6.4.171 施工前应确定搅拌机械的灰浆泵输浆量、灰浆经输浆管到达搅拌机喷浆口的时间和起吊设备提升速度等施工参数。宜用流量泵控制输浆速度,使注浆泵出口压力保持在0.4 MPa～0.6 MPa,并应使搅拌提升速度与输浆速度同步。

6.4.172 使用水泥都应过筛,制备好的浆液不得离析,泵送必须连续。拌制水泥浆液的罐数、水泥和外掺剂用量以及泵送浆液的时间等应有专人记录。

6.4.173 搅拌机喷浆提升的速度和次数必须符合施工工艺的要求,并应有专人记录。

6.4.174 当浆液达到出浆口后,应座底喷浆搅拌30 s,在浆液与桩端土充分搅拌后,再开始提升搅拌头。

6.4.175 搅拌机预搅下沉时不宜冲水,当遇到较硬土层下沉太慢时，方可适量冲水，但应考虑冲水成桩对桩身强度的影响。

6.4.176 施工时如因故停浆，宜将搅拌机下沉至停浆点以下不小于 500 mm 处，待恢复供浆时再喷浆搅拌提升。若停机超过 3 h，为防止浆液硬结堵管，宜先拆卸输浆管路再进行清洗。

6.4.177 壁状加固时桩与桩的搭接长度宜大于 200 mm，相邻桩的施工时间间隔不宜大于 24 h，如因特殊原因超过上述时间，应对最后一根桩先进行空钻留出棒头以待下一批桩搭接；如间歇时间太长（如停电等）与下一根无法搭接时，应在设计和建设单位认可后，采取局部补桩或注浆措施。

(b) 干　法

6.4.178 喷粉施工前应仔细检查搅拌机械、供粉泵、送气（粉）管路、接头和阀门的密封性、可靠性。送气（粉）管路的长度不宜大于 60 m。

6.4.179 搅拌头每旋转 1 周，其提升高度不得超过 16 mm。

6.4.180 搅拌头的直径应定期复核检查，其磨耗量不得大于 10 mm。

6.4.181 当搅拌头到达设计桩底以上 1.5 m 时，应即开启喷粉机提前进行喷粉作业。当搅拌头提升至地面下 500 mm 时，喷粉机应停止喷粉。

6.4.182 成桩过程中因故停止喷粉，应将搅拌头下沉至停灰面以下 1 m 处，待恢复喷粉时再喷粉搅拌提升。

6.4.183 需在地基土天然含水量小于 30%土层中喷粉成桩时，应采用地面注水搅拌工艺。

XIV　注浆法

6.4.184 注浆法适用于处理砂土、粉性土、黏性土和一般填土层。对于地下水流速过大的工程应慎重应用。

6.4.185 注浆法可用于防渗堵漏、提高地基土的强度、改善地基土变形性能、充填空隙、既有地基基础加固和控制变形等。

6.4.186 注浆设计前，应查明被加固土层的分布范围、含水量、土的颗粒级配、地下水和孔隙率等土体的物理力学性质指标。

6.4.187 对重要工程，注浆设计前必须进行室内浆液配比试验并宜进行现场注浆试验，以确定设计参数和施工准备、施工参数及施工工艺。

6.4.188 注浆法施工的场地事先应予平整，除干钻法外，应沿钻孔位置开挖沟槽与集水坑，以保持场地的整洁干燥。

6.4.189 注浆施工必须如实和准确地记录注浆压力和流量，宜采用自动流量和压力记录仪，并对资料及时进行整理分析；如发现异常情况，应会同设计等有关单位及时解决。

6.4.190 塑料阀管注浆法施工可按下列步骤进行：

1 钻机与灌浆设备就位。

2 钻孔。

3 当钻孔钻到设计深度后，从钻杆内灌入封闭泥浆，也可直接采用封闭泥浆钻孔。

4 插入塑料单向阀管到设计深度。当注浆孔较深时，阀管中应加入水，以减小阀管插入土层时的弯曲。

5 待封闭泥浆凝固后，在塑料阀管中插入双向密封注浆芯管，再进行注浆，注浆时按照设计注浆深度范围自下向上（或自上向下）移动注浆芯管。

6 若需使用同一塑料阀管进行反复注浆时，每次注浆完毕后，应用清水冲洗塑料阀管中的残留浆液。对于不宜用清水冲洗的场地，可考虑用陶土浆灌满阀管内。

6.4.191 花管注浆法施工可按下列步骤进行：

1 钻机与灌浆设备就位。

2 钻孔或采用振动法将花管压入土层。

3 若采用钻孔法，应从钻杆内灌入封闭泥浆，然后插入花管。

4 待封闭泥浆凝固后（采用钻孔法时），按照设计注浆深度范围移动花管自下向上(或自上向下)进行注浆。

6.4.192 注浆管注浆法施工可按下列步骤进行:

1 钻机与灌浆设备就位。

2 钻孔或采用振动法将金属注浆管压入土层。

3 若采用钻孔法,应从钻杆内灌入封闭泥浆,然后插入金属注浆管。

4 待封闭泥浆凝固后(采用钻孔法时),捅去金属管的活络堵头进行注浆,注浆时按照设计注浆深度范围自下向上移动注浆管。

6.4.193 低坍落度砂浆压密注浆施工可按下列步骤进行:

1 钻机与灌浆设备就位。

2 钻孔或采用振动法将金属注浆管置入土层。

3 向地层注入低坍落度水泥砂浆,同时按照设计注浆深度范围自下向上移动注浆管。

6.4.194 注浆孔的钻孔孔径宜为 70 mm~110 mm,垂直偏差应小于 1%,注浆孔有设计角度时应预先调节钻杆角度。

6.4.195 采用灌入封闭泥浆的方式时,当钻孔到设计深度后,必须通过钻杆注入封闭泥浆,直到孔口溢出泥浆方可提杆。当提杆至中间深度时,应再次注入封闭泥浆,最后完全提出钻杆。

6.4.196 封闭泥浆的 7 d 立方体抗压强度宜为 0.3 MPa~0.5 MPa,浆液黏度宜为 80″~90″。

6.4.197 采用塑料阀管注浆法施工时,塑料单向阀管每节均应检查,要求管口平整无收缩,内壁光滑。事先将每 6 节塑料阀管对接成 2 m 长度作备用。准备插入孔内时应复查 1 遍,必须旋紧每节螺纹。注浆芯管的聚氨酯密封圈使用前要进行检查,应无残缺和大量气泡现象,上部密封圈裙边向下,下部密封圈裙边向上,且都应抹上黄油。所有注浆管接头螺纹均应保持有充足的油脂。

6.4.198 若采用塑料阀管注浆法进行第二次注浆,常用黏度较小的化学浆液,不宜采用自行密封式密封圈装置,宜采用两端用水加压的膨胀密封型注浆芯管。

6.4.199 注浆管上拔时宜使用拔管机。塑料阀管注浆时，注浆芯管每次上拔高度应与阀管开孔间距一致，宜为 330 mm；花管或注浆管注浆时，每次上拔或下钻高度宜为 300 mm～500 mm，采用低坍落度砂浆的压密注浆每次上拔高度宜为 400 mm～600 mm。

6.4.200 注浆开始前应充分作好准备工作，包括机械器具、仪表、管路、注浆材料、水和电等的检查及必要的试验，其中压力表和流量测定器应是必备的仪表，注浆一经开始即应连续进行，力求避免中断。

6.4.201 劈裂注浆的流量宜为 7 L/min～15 L/min，对充填型灌浆，流量可适当加快，但也不宜大于 20 L/min。压密注浆的流量宜为 10 L/min～40 L/min。

6.4.202 注浆用水应是自来水、河水、井水及其他清洁水，不宜采用 pH 值小于 4 的酸性水和工业废水，对水质有疑问时应作必要的测试。

6.4.203 注浆所用水泥的强度等级不宜小于 32.5 级，出厂期不宜超过 2 个月，受潮结块不得使用，水泥的各项技术指标应符合现行国家标准，并应附有出厂试验单。

6.4.204 在满足强度要求的前提下，注浆采用的浆液可用磨细粉煤灰或粗灰部分代替水泥，渗入量应通过试验确定，掺入量宜为水泥重量的 20%～70%。

6.4.205 浆液使用的原材料及制成的浆体应符合下列要求：

1 制成的浆体应能在设计要求的时间内凝固，其本身的强度、防渗性和耐久性应满足设计要求。

2 浆体凝固后其体积收缩率不宜大于 3‰。

3 所制成的浆体在 1 h 内不应发生析水现象。

6.4.206 浆液拌制时可根据下列情况加入外加剂：

1 加速浆体凝固的水玻璃，其模数应为 3.0～3.3。水玻璃掺量应通过试验确定，宜为水泥用量的 0.5%～3%。

2 提高浆液扩散能力和可泵性的表面活性剂(或减水剂)，

掺加量可参考产品说明并应作相关试验确定。

3 提高浆液均匀性和稳定性，防止固体颗粒离析和沉淀而掺加的膨润土，其掺加量不宜大于水泥用量的5%。

4 还可根据工程需要加入早强剂、微膨胀剂、抗冻剂、缓凝剂等，掺加量可参考产品说明并应作相关试验确定。

6.4.207 浆体必须经过搅拌机充分搅拌均匀后才能开始压注，并应在注浆过程中不停顿地缓慢搅拌，搅拌时间应小于浆液初凝时间。浆体在泵送前应经过筛网过滤，拌制好的浆液应进行随机抽检。

6.4.208 在冬季，当日平均温度低于5 ℃或最低温度低于-3 ℃的条件下注浆时，应在施工现场采取适当措施不使浆体冻结。

6.4.209 在夏季炎热条件下注浆时，用水温度不得超过35 ℃，并应避免将盛浆桶和注浆管路在注浆体静止状态暴露于阳光下。

6.4.210 如注浆中途发生地面冒浆现象应立即停止注浆，调查冒浆原因。如系注浆孔封闭效果欠佳，可待浆液凝固后重复注浆；如系地层灌注不进，则应结束注浆。

XV 高压喷射注浆法

6.4.211 高压喷射注浆法适用于处理淤泥、淤泥质土、黏性土、粉性土、砂土、素填土等地基，但对于砾石直径过大、含量过多及有大量纤维质的腐殖土等，应通过试验确定其适用性。

6.4.212 高压喷射注浆法适用于深基坑的止水、坑内加固、隧道洞口加固和挡土结构等，也适用于既有建(构)筑物的地基加固。用作基坑止水时，对地下水流速过大的工程应慎重应用。

6.4.213 高压喷射注浆法的注浆形式分旋喷、定喷和摆喷三种类型。根据工程需要和机具设备条件，可分别采用单管、二管和三管等多种方法。旋喷布置形式可分为柱状、壁状和块状。基坑坑底加固根据工程要求可采用抽条、裙边、格栅、封底等形式布置。

6.4.214 在制定高压喷射注浆方案时，应掌握场地的工程地质、水文地质、建筑和地下结构设计资料等。对已建工程尚应收集竣工和现状观测资料、邻近工程和地下埋设物等资料。

6.4.215 高压喷射注浆方案确定后，应进行现场试验或试验性施工，以确定施工参数及工艺。

6.4.216 施工前应根据现场环境和地下埋设物的位置等情况，复核高压喷射注浆的设计孔位。

6.4.217 高压喷射注浆单管法及二重管法的高压水泥浆液流和三重管法高压水射流通常的压力宜大于 20 MPa，低压水泥浆液流压力宜不小于 1 MPa，气流压力宜取 0.7 MPa，提升速度可取 0.05 m/min～0.25 m/min，或根据工程要求和工程经验或试验确定。

6.4.218 施工前应根据设计进行工艺性试桩确定施工参数和施工工艺，数量不得少于 2 根。高压喷射注浆的施工参数应在施工中严格加以控制。

6.4.219 高压喷射注浆的主要材料为水泥，根据需要可加入适量的速凝剂等外加剂及掺合料。所用外加剂及掺合料的数量，应通过试验确定。

6.4.220 水泥浆液的水灰比应按工程要求确定，可取 0.8～1.5，常用为 1.0。水泥在使用前需作质量鉴定。搅拌水泥浆所用水，应符合混凝土拌合用水的标准。

6.4.221 高压喷射注浆的施工工序为机具就位、钻孔、置入喷射管、喷射注浆、拔管及冲洗等，或直接使用喷射管成孔和喷射注浆。

6.4.222 钻机与高压泵的距离不宜大于 50 m。钻孔的位置与设计位置偏差不得大于 50 mm。实际孔位、孔深及每个钻孔内地下障碍物、洞穴、涌水、漏水及与工程地质报告不符合等情况均应详细记录。

6.4.223 当注浆管置入钻孔，喷嘴达到设计标高时即可喷射注浆。在喷射注浆参数达到规定值后，即分别按旋喷、定喷或摆喷的工艺要求，提升注浆管，由下向上喷射注浆。注浆管分段提升的搭接长度宜大于 100 mm。

6.4.224 对需要扩大加固范围或提高强度的工程，可采用复喷措施，即二次喷射。

6.4.225 在高压喷射注浆过程中出现压力骤然下降、上升或冒浆异常等情况时，应查明产生的原因并及时采取措施。

6.4.226 当高压喷射注浆完毕，应迅速拔出注浆管。为防止浆液凝固收缩影响桩顶高程，必要时可在原孔位采用冒浆回灌或第二次注浆等措施。

6.4.227 当处理已建建筑地基时，可采取速凝浆液或大间距隔孔施工和冒浆回灌等措施，防止喷射过程中地基产生附加变形和地基与基础间出现脱空现象，并应对建筑物进行变形监测。

6.4.228 施工过程中要注意保护相邻管线、建筑物、地铁等，严格做好变形观测，必要时采取有效措施，减小施工中引起的变形。

6.4.229 施工中应做好泥浆处理，及时将泥浆运出或在现场短期堆放后作土方运出。

XVI 全方位高压喷射注浆(MJS)

6.4.230 施工前应根据 MJS 工法施工工艺、现场场地条件选择合适的设备。

6.4.231 MJS 工法施工配套设备应根据施工方案要求进行配置，施工超大直径 MJS 工法桩时，应选择 GF-200SV 高压泥浆泵，垂直深度在 30 m 以上时，应配置外套管。设备进场后，应对配套设备的能力进行验收，并留存验收记录。

6.4.232 施工前应事先平整场地、开挖样沟排摸管线、砌泥浆池或设置堆土场地，施工中应做好泥浆处理，及时将泥浆运出或在现场短期堆放后以土方运出，特殊情况可采用泥水分离系统。泥浆严禁排入市政管道。

6.4.233 施工前应根据 MJS 工法设备用电量及现场供电量合理

配置设备。

6.4.234 根据施工图纸测量放样、开挖样沟，确认管线及障碍物情况。

6.4.235 MJS工法施工应按下列步骤进行：

1 根据施工桩位图及技术交底准确放样。

2 采用钻机钻导孔或MJS工法钻机自行成孔，孔深或孔长应满足喷射流喷嘴到达设计桩尾端。水平施工时，应在围护结构或结构墙上用钻机开孔，安放防喷装置。

3 数据记录仪在地面或基坑内无荷载情况下清零，并依次开启回流水、回流气、排浆阀门、主气、浆，确认管路通畅、数据正常。

4 分节拼装钻杆，同步连接数据线，检查钻杆密封圈，并确认数据显示正常。

5 钻杆到达预定位置后，根据工艺要求试开启回流水、回流气、排浆阀门，确认排浆及地内压力数据正常后，再依次开启主气、浆。

6 按预设参数摆动，再次确认各项技术参数达到设计要求、地内压力正常、排浆正常后提升或回抽钻杆。

7 在施工过程中如出现地内压力异常，应及时调整。

8 如遇回浆管堵塞，应及时停工排堵。

9 喷射施工完毕应立即拔出钻杆，并用水冲洗浆液管路。

10 移动钻机进行下一孔位施工。

6.4.236 在施工过程中应根据施工方案设定的地内压力控制值进行地内压力控制，通过调节回流水、回流气、排浆阀门大小等措施控制排浆量，调整和控制地内压力，使地内压力始终处于控制范围内。

6.4.237 施工时，应根据环境监测数据调整地内压力控制参数。一般情况下，地内压力控制系数为1.3～1.6。如周边环境变形呈较大上抬趋势，可适当下调地内压力控制系数，但不得小于静水压力;如周边环境变形呈较大下沉趋势,可适当上调地内压力控制系数,但不得大于静土压力。

6.4.238 成孔的位置与设计位置偏差不得大于 50 mm,钻杆垂直度误差不得大于 1%,深度、长度误差不得大于 10 cm。

6.4.239 浆体必须经过搅拌机充分搅拌均匀后才能开始压注,并应在注浆过程中不停顿地缓慢搅拌,搅拌时间应小于浆液初凝时间。浆体在泵送前应经过筛网过滤。拌制好的浆液应进行随机抽检。浆液比重每个班抽检 2 次,并做好书面记录,浆液比重误差不得大于±0.05。

6.4.240 在冬季,当日平均温度低于 5 ℃或最低温度低于−3 ℃的条件下注浆时,应在采取适当措施不使浆体冻结。在夏季炎热条件下,用水温度不得超过 35 ℃,盛浆桶和注浆管路在注浆体静止状态暴露于阳光下不应超过 2 h。

6.4.241 MJS 工法钻机与高压泵的距离不宜大于 50 m。

6.4.242 钻杆分段提升或回抽的搭接长度应大于 10 cm。施工中因故停止,恢复施工时应与停止前喷射过的区域搭接不小于 50 cm。当施工停止超过 1 h 或高压喷射注浆完毕,应拔出钻杆并进行清洗,防止钻杆、喷嘴堵塞。

6.4.243 应通过配置的自动数据显示记录仪,实时监控各项施工参数。如实和准确地记录喷射压力和流量、地内压力数据、钻杆提升或回抽步进参数、单次步进钻杆转数、泥浆比重等参数,并对资料及时进行整理分析;发现异常情况,应会同设计等有关单位及时解决。

6.4.244 在施工过程中出现喷射流压力异常下降或上升、地内压力异常下降或上升、地面冒浆、回浆不正常等异常情况时,应查明产生的原因并及时采取措施。

6.4.245 为防止浆液凝固收缩影响桩顶高程和产生沉降,可采用超高喷射、在原孔位采用回灌浆液等措施。

6.4.246 对特殊地层、对桩径要求比较大的工程,可采用延长喷射时间、增大喷射流量等措施增大成桩直径,其具体参数应通过试桩确定。

6.4.247 施工宜采用跳桩施工,跳桩间隔 4 m～6 m,相邻桩施工间隔时间不小于 24 h。无条件跳桩施工时,应确保相邻桩体同一截面施工间隔时间大于 24 h。

6.4.248 在施工过程中要注意保护相邻管线、建筑物,严格做好监测,根据监测数据控制地内压力,严格控制施工进度、施工顺序,减小对建筑物、管线的扰动。如监测数据达到报警值,应及时停工分析原因。

XVII 超高压复合旋喷(RJP)

6.4.249 RJP 工法排泥量大,在狭小施工场地施工时,可采用泥水分离系统,泥水分离系统日处理泥浆能力不宜小于 150 m^3。

6.4.250 RJP 高压喷射注浆参数见表 6.4.250。

表 6.4.250 RJP 高压喷射注浆参数

项目		RJP 型喷射注浆
成桩直径(mm)		1 600～3 000
最大成桩深度(m)		70
水	喷射压力(MPa)	20～40
	喷射流量(L/min)	50～90
水泥浆	喷射压力(MPa)	40
	喷射流量(L/min)	160～190
空气	压力(MPa)	1.05
	流量(m^3/min)	3.0～7.0
喷浆管	旋转速度(r/min)	2～5
	提升速度(cm/min)	2.5～6.7
	步进间距(mm)	25,50

6.4.251 RJP 高压喷射注浆成桩直径应符合表 6.4.251 的规定。

表 6.4.251 S-RJP 成桩直径参考(日本)

土质		桩径参考值(mm)				
砂土		$0<N\leqslant15$	$15<N\leqslant30$	$30<N\leqslant50$	$50<N\leqslant75$	$75<N\leqslant100$
黏性土		$0<N\leqslant1$	$1<N\leqslant3$	$3<N\leqslant5$	—	—
提升速度	15 min/m	2 800	2 600	2 400	2 200	2 000
	20 min/m	3 000	2 800	2 600	2 400	2 200

注:1 在强度较高的黏土及砂土中,需降低提升速度以保证成桩直径,相应的水泥用量也加大。
2 如设计时承载力加固无搭接要求的,可不需要搭接。
3 一般情况下,表中抗渗桩的桩体抗渗系数 $k\leqslant1\times10^{-6}$ cm/s。
4 以上技术参数在有依据的情况下可加以调整。

XVIII 冻结法

6.4.252 参见本规程第 9.2 节相关内容。

XIX 树根桩

6.4.253 树根桩常用于基础托换加固,也可作为侧向支护桩和地下空间结构的抗浮桩。

6.4.254 树根桩直径宜为 150 mm～400 mm,桩长不宜超过 30 m,布置型式有各种排列的直桩和网状结构的斜桩。

6.4.255 树根桩作为托换加固时,单桩承载力设计值的选择应考虑与既有建筑物的变形协调。

6.4.256 树根桩施工应按下列步骤进行:

1 定位和校正垂直度:桩位偏差应控制在 20 mm 之内,垂直度误差应不超过 1/100。

2 成孔:采用工程地质钻机成孔,钻孔时应采用清水或天然泥浆护壁;可在孔口附近下一段套管;但作为端承桩时,钻孔必须下套管。钻孔到设计标高后清孔,直至孔口基本上泛清水为止。

3 吊放钢筋笼和注浆管:应尽可能一次吊放整根钢筋笼;分

节吊放时，节间钢筋接头宜采用焊接或机械式接头。注浆管可采用直径 20 mm 铁管，直插到孔底。需二次注浆的树根桩，应插 2 根注浆管。施工时，应尽量缩短吊放和焊接时间。

4 填灌碎石：碎石应用水冲洗，计量填放，填入量应不小于计算体积的 0.8 倍～0.9 倍。在填灌过程中，应始终利用注浆管注水清孔。

5 注浆：宜采用能兼注水泥浆和砂浆的注浆泵，最大工作压力应不小于 1.5 MPa。注浆时应控制压力，使浆液均匀上冒，直至泛出孔口为止。

6 拔注浆管、移位：拔管后按质检要求在顶部取混凝土制成试块，然后填补桩顶混凝土至设计标高。

7 采用二次注浆工艺时，应在注浆初凝之后，在第二根注浆管内进行二次注浆，注浆最大压力宜为 2 MPa～4 MPa，注浆量应按设计要求控制。

6.4.257 树根桩施工不应出现缩颈和塌孔的现象。当采用泥浆护壁仍不可避免产生上述现象时，应将套管下到缩颈或塌孔的土层深度以下。

6.4.258 树根桩施工时，应防止出现窜孔和浆液沿砂层大量流失的现象。树根桩的额定注浆量不宜超过按桩身体积计算量的 3 倍；当注浆量达到额定注浆量时，应停止注浆。可采用跳孔施工、间歇施工和增加速凝剂掺量等措施来防止上述现象发生。

XX 钻孔灌注桩

6.4.259 钻孔灌注桩可用于基坑围护、格构柱桩基、抗拔桩及一般性桩基。

6.4.260 灌注桩施工应符合现行上海市工程建设规范《钻孔灌注桩施工规程》DG/TJ 08—202 的规定，各工序应连续施工并做好记录。

6.4.261 施工前应试成孔，试成孔数量应根据工程规模和场地地质条件确定，且不少于 2 个。

6.4.262 施工场地表面应作混凝土硬地坪处理，硬地坪强度和厚度应满足使用要求。

6.4.263 灌注桩成孔直径必须达到设计桩径，且钻头直径不得小于设计桩径。刚完成混凝土浇筑的桩与邻桩成孔安全距离不应小于 4 倍桩径，或间隔时间不应少于 36 h。

6.4.264 护壁泥浆宜采用原土造浆，对不适宜用原土造浆的土层可采用人工造浆。

6.4.265 清孔应分 2 次进行。一清在成孔完成后进行，一清应充分，二清在钢筋笼和导管安放完毕后进行。二清完毕且孔底沉渣厚度和泥浆比重、黏度等指标符合要求后 0.5 h 内应浇筑混凝土。

6.4.266 灌注桩的钢筋笼制作安放应符合下列要求：

1 钢筋笼在制作、运输和安装过程中应采取防止变形的措施，起吊吊点与钢筋笼搁置点应设在可靠部位。

2 钢筋笼相邻主筋间最小净距不宜小于 80 mm，主筋保护层厚度不宜小于 50 mm。

6.4.267 灌注桩的水下混凝土施工应符合下列要求：

1 混凝土强度应比设计桩身强度提高等级进行配制；混凝土坍落度宜为 180 mm～220 mm，初凝时间不宜小于 8 h。

2 混凝土应采用导管法连续浇筑。

6.4.268 灌注桩实际灌注高度应高于设计桩顶标高，高出的高度应根据桩长、地质条件和成孔工艺等因素合理确定，不宜小于桩长的 3%，且不应小于 1 m。设计桩顶标高达到或接近地面时，桩顶混凝土泛浆应充分，确保设计桩顶标高以下桩身混凝土强度符合设计要求。

6.4.269 灌注桩混凝土充盈系数应为实际灌注混凝土体积与按设计桩身计算体积加实际高出高度部分体积之和的比值，充盈系数不得小于 1.0，也不宜大于 1.3。

6.4.270 采用桩端后注浆的灌注桩施工应符合下列要求：

1 注浆管应采用钢管；注浆管应沿桩周均匀布置且伸出桩

端 200 mm～500 mm；注浆管随钢筋笼安放到位后管内应注满清水。

2 灌注桩成桩后的 7 h～8 h，对注浆管应进行清水开塞，压通注浆管路。

3 注浆宜在成桩 48 h 后进行。注浆施工前应进行试注浆，确定注浆压力、注浆量。

4 终止注浆应符合下列条件之一：

1） 注浆量达到设计要求。

2） 注浆量不低于设计要求的 80%，且压力不小于 2 MPa。

6.4.271 水上灌注桩施工尚应符合下列要求：

1 浅水区或流速较慢的水域宜采用围堰或筑岛方法构筑施工作业场地，深水区、流速较快或水底淤泥层较厚的水域宜搭设固定式或浮动式工作平台。

2 护筒上口宜高出施工期最高水位 1.5 m～2.0 m，并固定牢靠。护筒底部埋置深度进入可靠土层应不小于 1 倍的护筒直径；深水域有较厚松软土层时，应经孔壁稳定计算确定护筒埋设深度。

3 泥浆制备用水应采用淡水；水上平台作业时，应采用泥浆船、泥浆箱等布置泥浆系统。

6.4.272 扩底灌注桩施工应符合下列要求：

1 应通过试成孔确定扩底桩相关施工参数，施工应对孔径、扩底形状、沉渣厚度等进行测试，试成孔数量不应少于 2 根。

2 扩孔宜采用机械扩孔方式。成孔至桩端设计标高后应进行第一次清孔，扩孔完毕后应进行第二次清孔，第三次清孔在钢筋笼和导管安放完毕后进行。

6.4.273 永久结构的钢柱与桩一体施工时，灌注桩施工应符合下列要求：

1 钻机钻杆中心与桩位中心偏差应小于 10 mm，成桩垂直度应小于 1/500，钢桩插入深度范围内的垂直度应满足插入钢桩垂直度设计要求。

2 立柱应采用校正专用装置进行固定与校正，立柱垂直度应符合设计要求。

3 桩身混凝土与钢管柱内混凝土不同强度等级的交界面应控制在低强度等级混凝土一侧。

XXI PHC管桩

6.4.274 管桩桩身的混凝土必须达到设计强度及龄期(常压养护为28 d,压蒸养护为1 d)后方可沉桩。

6.4.275 管桩的验收应符合下列要求：

1 管桩的外观质量及尺寸允许偏差应符合现行国家标准《先张法预应力混凝土管桩》GB 13476的有关规定。

2 工地验收资料应包括管桩出厂检验报告、管桩产品合格证。

6.4.276 冬季施工的管桩工程应按现行行业标准《建筑工程冬季施工规程》JGJ 104的有关规定，根据地基的主要冻土性能指标，采取相应的措施。宜选用混凝土有效预压应力值较大且采用压蒸养护工艺生产的PHC桩。

6.4.277 沉桩应符合下列要求：

1 应根据设计文件、工程勘察报告、施工场地周边环境等选择合适的沉桩机械。

2 管桩沉桩机械分锤击机械和静压机械两种。锤击法沉桩机械通常采用柴油锤、液压锤，不宜采用手动自由落锤打桩机；静压法沉桩宜采用液压式机械，按施工方法分为顶压式和抱压式两种。

6.4.278 锤击法沉桩应符合下列要求：

1 按锤击应力控制时，锤击压应力不得大于混凝土抗压强度设计值，锤击拉应力不得大于混凝土抗拉强度标准值与混凝土有效预压应力之和的1.3倍。

2　按总锤击数控制时，在合理选锤的情况下，任一单桩的总锤击数：PHC 桩不宜超过 2 500，PC 桩不宜超过 2 000。最后 1 m 的锤击数：PHC 桩不宜超过 300，PC 桩不宜超过 250。

3　桩帽和送桩器与管桩周围的间隙应为 5 mm～10 mm；桩锤与桩帽、桩帽或送桩器与桩顶之间应加设弹性衬垫，衬垫厚度应均匀，且经锤击压实后的厚度不宜小于 120 mm；在打桩期间应经常检查，及时更换和补充。

4　桩帽和送桩器应与管桩匹配做成圆筒形，并应有足够的强度、刚度和耐打性。

5　应采取管桩内腔排气、排水及涌土处理等措施。

6.4.279　静压法沉桩应符合下列要求：

1　采用顶压式桩机时，桩帽或送桩器与桩之间应加设弹性衬垫。

2　采用抱压式桩机时，夹具应避开桩身两侧合缝位置，桩身允许抱压压桩力宜根据当地工程设计经验确定。

6.4.280　沉桩应确保桩锤、桩帽或送桩器与桩身在同一轴线上。第一节管桩插入地面时的垂直度偏差不得超过 0.3%。

6.4.281　沉桩过程中，应经常观测桩身的垂直度，桩身垂直度偏差不得超过 0.5%。当桩尖进入较硬土层后，严禁用移动桩架等强行回扳的方法纠偏。

6.4.282　每根桩应一次性连续打（压）到底，接桩、送桩应连续进行，尽量减少中间停歇时间。

6.4.283　沉桩过程中，出现贯入度反常、桩身倾斜、位移、桩身或桩顶破损等异常情况时，应停止沉桩，待查明原因并进行必要的处理后，方可继续进行施工。

6.4.284　采用其他沉桩方法时应按有关规定执行。

6.4.285　管桩拼接应符合下列要求：

1　工程中尽量减少接桩，接桩宜在桩尖穿过硬土层后进行，应避免桩尖接近硬持力层或桩尖处于硬持力层中接桩。任一单桩的接头数量不宜超过 3 个。有特殊要求时，管桩接头应根据工程地质情况采取有效的防腐措施。

2 上、下节桩拼接成整桩时，宜采用端板焊接连接或机械接头连接，接头连接强度应不小于管桩桩身强度。

3 接桩时，其入土部分管桩的桩头宜高出地面 0.5 m～1.0 m。

4 下节桩的桩头处宜设导向箍，以便于上节桩就位。接桩时，上、下节桩段应保持顺直，错位偏差不宜大于 2 mm。

5 采用焊接连接时，焊接前应先确认管桩接头质量合格，上、下端板表面应清理干净，坡口处用铁刷子刷至落出金属光泽，并清除油污和铁锈。

6 焊接时，宜先在坡口圆周上对称点焊 4 点～6 点，待上、下桩节固定后拆除导向箍再分层对称施焊。

7 焊接可采用手工焊或二氧化碳气体保护焊，焊接层数宜为 3 层，内层焊渣必须清理干净后方可施焊外一层，焊缝应饱满、连续，且根部必须焊透，焊接质量应符合现行国家标准《钢结构工程施工质量验收规范》GB 50205 的有关规定。对于外径大于 800 mm 的管桩，宜采用内外两面焊的焊接形式。

8 焊接接头应在自然冷却后方可继续沉桩，冷却时间不宜少于 8 min，严禁用水冷却或焊好后立即沉桩。

6.4.286 管桩截桩时，应采取有效措施以确保截桩后管桩的质量。截桩宜采用锯桩器，严禁采用大锤横向敲击截桩或强行扳拉截桩。

6.4.287 管桩工程的基坑开挖应符合下列要求：

1 严禁边打桩边开挖基坑。

2 饱和黏性土、粉土地区的基坑开挖宜在打桩全部完成 15 d 后进行。

3 挖土宜分层均匀进行，且桩周围土体高差不宜大于 1 m。开挖的土方不得堆积在基础周围，应及时外运。软土地基中管桩施工后的开挖，应采取有效措施，防止出现管桩桩基础移位、倾斜、管桩桩身开裂等现象。

4 机械开挖时应小心操作，不得碰及桩身，挖至离桩顶标0.4 m，宜改用人工挖除桩顶余土，以保证管桩的质量。

6.4.288 管桩的储存、吊装及运输应符合现行国家标准《先张法预应力混凝土管桩》GB 13476 的有关规定。

6.4.289 管桩装卸应轻起轻放，严禁抛掷、碰撞、滚落、着地拖拉等。

XXII 支撑结构

6.4.290 支撑结构的施工与拆除顺序，应与支护结构的设计工况相一致。

6.4.291 围檩施工前应凿除围檩处围护墙体表面泥浆、混凝土松软层、凸出墙面的混凝土。

6.4.292 钢筋混凝土支撑施工应符合下列要求：

1 顶圈梁施工前应清除围护墙体顶部泛浆。

2 支撑底模应具有一定的强度、刚度和稳定性，采用混凝土垫层作底模时，应有隔离措施，挖土时应及时清除。

3 围檩与支撑宜整体浇筑，超长支撑杆件宜分段浇筑。

6.4.293 钢支撑施工应符合下列要求：

1 钢支撑安装前宜在地面进行预拼装。

2 钢围檩与围护墙体之间的空隙应采用混凝土或高强灌浆料填充密实。

3 采用无围檩的钢支撑系统时，钢支撑与围护墙体的连接应可靠牢固。

6.4.294 伺服轴力自动补偿系统钢支撑施工应符合下列要求：

1 钢支撑与千斤顶轴力补偿装置之间应采用高强螺栓或焊接连接成整体。

2 千斤顶轴力补偿装置与围护体连接应可靠牢固。

3 千斤顶轴力补偿装置安装时，应确保千斤顶顶力垂直于钢支撑横截面，且应通过钢支撑轴线。

6.4.295 预应力鱼腹式钢支撑施工应符合下列要求：

1 预应力鱼腹式钢支撑应在立柱、托座、托梁和托架等竖向支承构件设置完成后，按照“先鱼腹梁，后对撑、角撑”的顺序进行水平支撑系统的拼装。

2 应遵循“先对撑、角撑，后鱼腹梁”的顺序进行分级、循环施加预应力。

3 支撑体系安装完成、预应力施加达到设计值后方可开挖下层土方，且在基坑实施过程中应根据监测数据复加预应力。

6.4.296 钢支撑预应力施加应符合下列要求：

1 支撑安装完毕后，应及时检查各节点的连接状况，符合要求后方可施加预应力。

2 预应力应均匀、对称、分级施加。

3 预应力施加过程中应检查支撑连接节点，必要时应对支撑节点进行加固。预应力施加完毕后，应在额定压力稳定后予以额定。

4 主撑端部的八字撑应在主撑预应力施加完毕后安装。

5 钢支撑使用过程应进行支撑轴力监测，必要时应复加轴力。

6.4.297 支撑拆除应在可靠换撑形成并达到设计要求后进行；钢筋混凝土支撑拆除可采用人工拆除、机械拆除；支撑拆除时应设置安全可靠的防护措施，并应对永久结构采取保护措施。

6.4.298 钢筋混凝土支撑爆破拆除应符合下列要求：

1 宜根据支撑结构特点制定爆破拆除顺序。

2 爆破孔宜在钢筋混凝土支撑施工时预留。

3 支撑杆件与围檩连接的区域应先切断。

6.4.299 支撑施工质量检测应符合下列要求：

1 钢筋混凝土支撑截面尺寸允许偏差为＋15 mm～－10 mm。

2 支撑标高允许偏差为 20 mm。

3 支撑轴线平面位置允许偏差为 30 mm。

6.5 地下水控制

Ⅰ 一般规定

6.5.1 地下水控制包括基坑开挖影响深度内的潜水、微承压水与承压水控制，采用的方法包括隔水、集水明排、基坑降水以及地下水回灌等。

6.5.2 地下水控制方案应根据基坑支护设计方案、施工条件和环境条件制定，并应减小对周边环境的不利影响。

6.5.3 对于涉及微承压水、承压水控制的基坑工程，应进行专项基坑降水设计。降水设计前，应按现行上海市工程建设规范《建设工程水文地质勘察标准》DG/TJ 08—2308 进行基坑工程水文地质勘察，获取降水影响范围内的含水层或含水层组的水文地质参数，专业施工单位应编制专项基坑降水施工方案。

6.5.4 基坑开挖前应进行基坑开挖影响范围内的疏干降水，预抽水时间根据基坑面积、开挖深度决定，不宜少于 15 d。对于分层、分块开挖的基坑，开挖前坑内自由水位线应降至开挖面以下 0.5 m～1.0 m。

6.5.5 基坑施工过程中，应对坑内外地下水控制效果进行动态监测，并根据监测数据指导施工。

Ⅱ 隔 水

6.5.6 基坑工程隔水可采用水泥土搅拌桩、渠式切割水泥土连续墙(TRD)、高压喷射注浆、全方位高压喷射注浆(MJS)、地下连续墙、钢板桩等。当地质条件、环境条件复杂时，可联合采用多种隔水措施。当有可靠工程经验时，可采用地层冻结技术(冻结法)阻隔地下水。

6.5.7 除环境条件允许外，基坑工程应设置可靠的隔水帷幕。隔水帷幕在设计深度范围内应保证连续，在平面范围内宜封闭。隔水帷幕的自身强度应满足设计要求，抗渗性能应满足自防渗要求。

6.5.8 隔水帷幕的插入深度应满足坑内疏干、地基土抗渗流（或抗管涌）稳定性要求；若遇有含砂性、粉性土层宜隔断。

6.5.9 在基坑预降水期间应根据坑内外水位观测结果检验隔水帷幕的可靠性；当存在渗漏时，应采取渗漏封堵措施。

6.5.10 当基坑抗承压水稳定性不满足要求，且承压含水层层底埋深较浅时，隔水帷幕宜隔断微承压含水层、承压含水层。

Ⅲ 集水明排

6.5.11 基坑外侧的排水系统设置应符合下列要求：

1 应在基坑外侧场地设置集水井、排水沟等地表排水系统。

2 集水井、排水沟宜布置在基坑外侧一定距离；有隔水帷幕的基坑，排水系统宜布置在隔水帷幕外侧，且距隔水帷幕的距离不宜小于 0.3 m；无隔水帷幕的基坑，排水系统宜布置在基坑边外侧，且不宜小于 0.3 m 的距离。

6.5.12 基坑内的排水系统设置应符合下列要求：

1 开挖阶段应根据基坑特点在合适位置设置临时排水沟和集水井；临时排水沟和集水井应随土方开挖过程适时调整。

2 留置时间较长的临时边坡，可在坡顶、坡脚设置临时排水沟和集水井。

3 基坑采用多级放坡开挖时，可在放坡平台上设置排水沟和集水井。

4 土方开挖至坑底后，宜在坑内设置排水沟、盲沟、集水井；排水沟、盲沟、集水井与坑边的距离不宜小于 0.5 m。

6.5.13 基坑外侧的排水沟、集水井应有可靠的防渗措施，排水系统应保持畅通，并应及时排除积水；施工过程中应随时对坑内外排水系统进行检查和维护。

6.5.14 基坑外的排水系统应能满足雨水、地下水的排放要求；基坑内的排水系统应能满足基坑明排水的排放要求；抽水设备应能满足排水流量的要求；对于深度较大的基坑，也可采用分级抽水接力排放的方法。

Ⅳ 基坑降水

6.5.15 基坑开挖过程中宜采用基坑降水措施。降水后的坑内自由水位线应低于基坑开挖面 0.5 m～1.0 m。

6.5.16 基坑降水应根据场地的水文地质条件、基坑面积、开挖深度、各土层的渗透性等，选择合理的降水井类型、设备和方法。常用降水井类型和适用范围见表 6.5.16。

表 6.5.16 降水井类型和适用条件

适用条件 降水井类型	渗透系数(cm/s)	水位降深(m)	适用土层
轻型井点 (多级轻型井点)	$1\times10^{-7}\sim1\times10^{-4}$	≤6 (6～10)	粉砂、砂质粉土、黏质粉土、含薄层粉砂的粉质黏土和淤泥质粉质黏土
喷射井点	$1\times10^{-7}\sim1\times10^{-4}$	8～20	粉砂、砂质粉土、黏质粉土、粉质黏土、含薄层粉砂夹层的黏土和淤泥质黏土
降水管井	$>10^{-5}$	>6	粉砂、砂质粉土、黏质粉土、含薄层粉砂的粉质黏土、富含薄层粉砂的黏土和淤泥质黏土
真空降水管井	$>10^{-6}$		

6.5.17 基坑降水设计与施工应包括以下内容：

1 设计前应掌握拟建场区工程地质与水文地质资料、基坑支护设计资料及周边环境资料等。

2 设计应包括水文地质条件分析、水位降深控制标准、降水后承压水位预测、降水井群的平面布置、降水井深度与井的结构、降水井质量验收标准、降水对周边环境影响的评估、应急预案等。

3 降水施工组织设计应包括降水方法,降水井深度、数量、结构,降水设备数量与型号,井群平面布置,降水井施工工艺与设备,达到降水井质量验收标准的措施,降水运行方案、工期安排、质量目标与安全技术措施,降水对环境影响的控制措施、应急预案等。

6.5.18 对于水文地质条件复杂或涉及微承压水、承压水控制的基坑工程,降水设计前应进行专门的现场水文地质试验,获取降水影响深度内的含水层(组)的水文地质参数,包括渗透系数 k、储水系数 S 或给水度 μ、导水系数 T、导压系数 a、越流参数 B、影响半径 R 以及各向异性渗透特征参数 k_D 等。试验结束后,应采取有效措施对试验孔进行封填。

6.5.19 基坑降水应根据基坑开挖深度、拟建场地的地质条件、设计要求等,制定合理的疏干降水方案。各类降水井的疏干降水技术要求宜符合表 6.5.19 中的规定。

表 6.5.19 疏干降水技术要求

降水井类型	技术要求
轻型井点	井点管排距不宜大于 20.0 m,过滤器顶端宜位于坑底以下 1.0 m。井管内真空度应不小于 65 kPa
多级轻型井点	井点排距不宜大于 20.0 m,过滤器顶端宜位于坡底和坑底以下 1.0 m。井管内真空度应不小于 65 kPa
喷射井点	井点管排距不宜大于 40.0 m,井点深度与井点管排距有关,应比基坑设计开挖深度大 3.0 m～5.0 m。基坑开挖深度应不大于 17.0 m
降水管井	粉质黏土、淤泥质粉质黏土、黏质粉土中,井管轴心间距为 10.0 m～15.0 m;砂质粉土、粉砂中,井管轴心间距为 15.0 m～20.0 m。井径不宜小于 600 mm,坑底以下的过滤器长度不宜小于 4.5 m,井底沉淀管长度不宜小于 1.0 m
真空降水管井	利用降水管井采用真空降水,井管内真空度应不小于 65.0 kPa

6.5.20 当微承压含水层、承压含水层顶板埋深小于基坑开挖深度,应将微承压水、承压水水位降低至基坑开挖面和坑底以下 0.5 m～1.0 m。

6.5.21 当按要求验算抗承压水稳定性，验算结果不满足要求时，应将微承压水、承压水水头降低至安全埋深以下。降水前应进行专项承压水减压降水设计。

6.5.22 微承压水、承压水减压降水设计应满足以下要求：

1 根据拟建场地的水文地质条件、基坑开挖深度，确定基坑内的微承压水水头、承压水水头的安全埋深以及微承压水水头、承压水水头的降深设计值。

2 根据基坑开挖深度、隔水帷幕深度与微承压、承压含水层埋深的相对关系等，选用合适的、对环境影响较小的减压降水方案，包括降水井群的平面布置形式、井的结构等。

3 结合开挖工况，根据“按需减压”的原则，确定降水运行的要求。

6.5.23 减压降水的设计计算应符合以下规定：

1 根据选用的减压降水方案，采用合适的方法进行水文地质渗流计算。基坑降水引起的地面沉降，可建立数值模型进行分析与计算，也可按工程经验估算。

2 当隔水帷幕对承压含水层的地下水渗流影响较小或其影响可忽略不计时，承压含水层可作为近似水平向无限延伸的无界承压含水层考虑，其渗流可以作为半无限承压井流予以分析。

3 当隔水帷幕对承压含水层的地下水渗流具有明显的阻隔效应，应根据场地工程地质与水文地质条件、隔水帷幕结构特征等，建立三维地下水非稳定渗流数值模型，分析、预测承压水渗流场内的水位降深。

4 计算减压井的设计出水量时，应考虑井损失、井壁渗透速度不超过允许井壁渗透速度等因素，并控制井内干扰动水位高于水泵进水口 2 m 以上。

5 降水设计应考虑一定数量的备用井，备用井(含观测井)的数量不宜小于满足降水设计要求所需开启的减压井数量的 20%。

6.5.24 减压降水井构造应符合以下规定：

1 填砾过滤器周围的滤料应为磨圆度好、粒径均匀且不均匀系数 $C_u<3$ 的石英砂，其粒径应按下式确定：

$$D_{50}=(6\sim12)d_{50} \tag{6.5.24}$$

式中：D_{50}——滤料的平均粒径(mm)；

d_{50}——含水层土的平均粒径(mm)。

2 井管与过滤器直径应根据所选用水泵的外径确定。井径不应小于井管与过滤器外径 300 mm。

3 充填结束后的滤料顶面与过滤器顶端不宜小于 3.0 m，黏土球封闭层的竖向厚度不宜小于 5.0 m。

4 底端沉淀管长度应不小于 1 m。

5 井管选用材料应具有足够的强度与刚度。

6.5.25 减压降水运行应符合以下规定：

1 应遵守“按需减压”的原则，制定详细的减压降水运行方案；当基坑开挖工况发生变化时，应及时调整或修改降水运行方案。

2 现场排水能力应考虑到所有减压井(包括备用井)全部启用时的排水量，所有减压井抽出的水体应排到基坑影响范围以外。

3 减压井全部施工完成、现场排水系统安装完毕后，应进行一次群井抽水试验或减压降水试运行。

4 降水运行正式开始前 1 周内应测定基坑监测背景值，监测内容包括基坑内外的初始承压水位、基坑周边相邻地面沉降初值、保护对象以及基坑围护体的变形等。降水运行过程中，应及时整理监测资料，绘制相关曲线，预测可能发生的问题并及时处理。

5 为保证降水运行安全，施工现场应配置双路电源或自备发电机组，并保证两路电源能及时切换。

6.5.26 减压降水应设置地下水位观测井，对基坑内、外地下水位进行全程监控。不同承压含水层中地下水位观测井应分别单独设置，坑外同一含水层中观测井之间水平间距不宜超过 50 m，坑内水位观测井数量宜为同类型降水井总数的 1/7～1/5，且不应少于 1 口。地下水位测读精度应不低于 10 mm。

6.5.27 轻型井点施工应符合以下规定：

1 井点管直径宜为 38 mm～55 mm，井点管水平间距宜为 0.8 m～1.6 m。

2 成孔孔径应不小于 300 mm，成孔深度应大于过滤器底端埋深 0.5 m。

3 滤料应回填密实，滤料回填顶面与地面高差不宜小于 1.0 m。滤料顶面至地面之间，须采用黏土封填密实。滤料粒径应符合本规程第 6.5.24 条的规定。

4 当井点呈环圈状布置时，总管应在抽汲设备对面处断开；采用多套井点设备时，各套总管之间宜装设阀门隔开。

5 单台真空泵配置的集水总管长度不宜大于 60 m。多台泵组降水时，应依据地下工程特性、水文地质条件和施工工况，合理确定泵组井点的设置形式。

6 过滤器采用与井点管相同规格的钢管制作，长度为 1 m～2 m，过滤器底端封闭。过滤器表面的进水孔直径 10 mm～15 mm，中心距 30 mm～40 mm。紧贴过滤器外壁采用双层滤网包裹。

7 每套井点设置完毕后，应进行试抽水，检查管路连接处以及每根井点管周围的密封质量。管内真空度应满足本规程第 6.5.19 条的要求，并用高灵敏度的真空压力表监测。抽出的地下水应肉眼不见泥砂、避免浑浊。

6.5.28 喷射井点施工应符合以下规定：

1 井点管直径宜为 75 mm～100 mm，井点管水平间距一般为 2.0 m～3.0 m。

2 成孔孔径不应小于 350 mm，成孔深度应大于过滤器底端埋深 1.0 m。

3 滤料回填应符合本规程第 6.5.24 条的规定。

4 每套喷射井点的井点数不宜超过 30 个，总管直径不宜小于 150 mm，总长不宜超过 60 m。如果多套井点呈环圈布置，各套进水总管之间宜用阀门隔开，每套井点自成系统。

5 每根喷射井点沉设完毕后，必须及时进行单井试抽，排出的浑浊水不得回入循环管路系统，试抽时间持续到水由浊变清为止。

6 喷射井点系统安装完毕，亦需进行试抽，不应有漏气或翻砂冒水现象。工作水应保持清洁。在降水过程中应视水质浑浊程度及时更换。

6.5.29 降水管井施工应符合以下规定：

1 井管外径不应小于 200 mm，且应大于抽水泵体最大外径 50 mm 以上，成孔孔径应大于井管外径 300 mm 以上。

2 成孔施工可采用泥浆护壁钻进成孔，钻进中保持泥浆比重为 1.10～1.15，宜采用地层自然造浆；钻孔孔斜不应超过 1%；终孔后应清孔，直到返回泥浆内不含泥块为止。

3 井管安装应准确到位，不得损坏过滤结构；井管连接应确保焊接完整，井管不得脱落或渗漏；应保证井管周围填砾厚度基本一致，应在过滤器上、下部各加 1 组扶正器；过滤器应刷洗干净，过滤器缝隙应均匀。

4 井管安装结束后沉入钻杆，将泥浆缓慢稀释至比重不大于 1.05 后，将滤料徐徐填入，并随填随测填砾顶面高度。在稀释泥浆时，井管管口应密封。

5 宜采用活塞和空气压缩机交替洗井。洗井结束后应按设计要求的验收指标予以验收。

6 抽水泵应安装稳固，泵轴应垂直。连续抽水时，水泵吸口应低于井内干扰动水位 2.0 m。

6.5.30 真空降水管井施工除满足本规程第 6.5.29 条的各项要求外，尚应符合下列规定：

1 宜采用真空泵抽气集水，深井泵或潜水泵排水。井管应严密封闭，并与真空泵吸气管相连。

2 单井出水口与排水总管的连接管路中应设置单向阀。

3 对于分段设置过滤器的真空降水管井，应对开挖后暴露的井管、过滤器、填砾层等采取有效封闭措施。

4 井管内真空度应满足本规程表 6.5.19 的要求，宜在井管与真空泵吸气管的连接位置处安装高灵敏度的真空压力表监测。

6.5.31 停止降水后，应对降水管井采取可靠的封井措施，并满足以下要求：

1 对于基础底板浇筑前已停止降水的管井，浇筑底板前应根据水位不同调整封井与割井管的顺序。如水位在开挖面下，可直接割管；如水位在开挖面以上，应先封井后割管至垫层附近。

2 对于基础底板浇筑前后仍需保留并持续降水的管井，应采取以下封井措施：

1）基础底板浇筑前，首先应将穿越基础底板部位的过滤器更换为同规格的钢管，钢管外壁应焊接多道环形止水钢板，其止水钢板外圈直径应大于井管直径 200 mm。

2）井管内可采取水下浇灌混凝土或注浆的方法进行内封闭。内封闭完成后将基础底板面以上的井管割除。

3）在残留井管内部，管口下方约 200 mm 处及管口处应分别采用钢板焊接、封闭，该两道内止水钢板之间浇灌混凝土或注浆。

4）预留井管管口宜低于基础底板顶面 40 mm～50 mm。井管管口焊封后，用水泥砂浆填入基础板面预留孔洞、抹平。

Ⅴ 回 灌

6.5.32 当基坑周围存在需要保护的建(构)筑物或地下管线且基坑外地下水位降幅较大时,可采用地下水人工回灌措施。浅层潜水回灌宜采用回灌砂井和回灌砂沟,微承压水与承压水回灌宜采用回灌井。实施地下水人工回灌措施时,应设置水位观测井。

6.5.33 当采用坑内减压降水时,坑外回灌井深度不宜超过承压含水层中隔水帷幕的深度,坑外回灌井与隔水帷幕水平距离不宜小于 2.0 m,减压井与回灌井处于同一含水层时,坑外回灌井与隔水帷幕的水平距离不宜小于 6.0 m。当采用坑外减压降水时,回灌井与减压井的间距不宜小于 6.0 m。回灌井的深度、间距应通过计算确定。

6.5.34 回灌井可分为自然回灌井与加压回灌井。自然回灌井的回灌压力与回灌水源的压力相同。加压回灌井的回灌压力宜为 0.2 MPa～0.5 MPa,回灌压力不宜超过过滤器顶端以上的覆土重量。

6.5.35 回灌井施工结束至开始回灌,应至少有 2 周～3 周的时间间隔,以保证井管周围止水封闭层充分密实,防止或避免回灌水沿井管周围向上反渗、地面泥浆水喷溢等。井管外侧止水封闭层顶至地面之间,宜用素混凝土充填密实。

6.5.36 为保证回灌畅通,回灌井过滤器部位宜扩大孔径或采用双层过滤结构。回灌过程中,为防止回灌井堵塞,应采用短时多次回扬,减少环境影响。

6.5.37 采用的回灌水不得污染回灌含水层中的地下水。

6.5.38 在回灌影响范围内,应设置水位观测井,并根据水位动态变化调节回灌水量。

Ⅵ 降水管理

6.5.39 基坑降水施工前应人工开挖样洞,周边有管线时,应采取保护措施。

6.5.40 挖孔完成、成孔完成的孔和泥浆池等周边应设置防护装置，并设置警戒线。

6.5.41 钻机转动部分应设有安全防护罩，施工期间非施工人员不得靠近。

6.5.42 钻孔、下放井管、回填滤料、洗井等打井全过程应注意孔口的安全防护，避免人员掉落。

6.5.43 桩机移位时，要先切断电源后才能移动桩机。移动期间要有专人指挥和专人看管电缆线以防桩机压坏电缆。

6.5.44 夜间施工要有足够的照明设备，钻机操作台、传动及转盘等危险部位不能留有黑影。

6.5.45 井管洞口应加盖或采取保护措施，并设置醒目标志。

6.5.46 基坑内抽水管路、电缆等应沿支撑和基坑周边布置，严禁悬挂在基坑内。抽水管路和电缆过路应设置暗沟，避免直接排布在路面上。

6.5.47 不割除的井管应设置醒目标志，并设置夜间反光标志，暴露部分应分段固定，确保稳定性。

6.5.48 基坑降水工程专项施工方案中应包含应急预案及现场处置方案。

6.5.49 降压井设计时应设置应急备用井，应急备用井井数不少于设计计算井数的20%，且不少于1口备用井。

6.5.50 对降水风险较大的工程宜采用减压降水运行风险控制系统（简称ICDR系统）。

6.5.51 降压井因损坏而不能正常抽水时的应急处置采取以下方法，使降深满足设计要求，再对降压井进行修理：

1 优先启动备用降压井进行抽水。

2 可增大其他降压井的抽水量（有调节阀时）。

3 可将其他降压井调换更大流量的抽水泵进行抽水。

4 可在观测井内临时放置大流量抽水泵进行抽水。

5 同时采取以上多项措施。

6.5.52 基坑开挖面以上降压井出现渗漏的应急处置应符合以下规定：

在基坑内设置集水坑，并安装抽水泵进行抽水，避免渗漏水影响基坑开挖和支撑等作业。同时，先后采取以下方法，将渗漏的降压井的水位降至渗漏点以下：

1 可增大渗漏的降压井抽水量(有调节阀时)。

2 可在渗漏的降压井内放置更大流量的抽水泵进行抽水。

3 可增大其他降压井的抽水量(有调节阀时)。

4 可将其他降压井调换更大流量的抽水泵进行抽水。

5 可在备用井内放置大流量的抽水泵进行抽水。

6 可在观测井内放置大流量的抽水泵进行抽水。

7 同时采用以上多项措施。

6.5.53 基坑开挖面以下降压井出现渗漏的应急处置应符合以下规定：

当渗漏较小，不影响基坑开挖施工且渗漏水为清水时，可在基坑内设置集水坑，并安装抽水泵进行抽水。如开挖至基坑坑底前发现渗漏点，可对渗漏点进行修补；如开挖至基坑坑底后还没有找到渗漏点，可按本条第 2 种情况进行处理。

当渗漏较大，基坑施工无法继续进行或渗漏水带泥砂涌出时，可采取以下方法进行处理：

1 可增大渗漏的降压井抽水量(有调节阀时)或在渗漏的降压井内放置更大流量的抽水泵进行抽水，使降压井不再渗漏，在降压井外打设压浆管至滤管上部，边拔边压双液浆至基坑底，使降压井不再渗漏。该方法实施时，可预留压浆管。当压双液浆无效时，可采用聚氨酯。

2 以上方法无效时，应启动备用井进行抽水，渗漏的降压井进行废弃处理，可封闭降压井，由于降压井无论是否出水都存在动水，此时封井不得采用注浆或浇筑泵的形式，必须从滤管位置开始压注聚氨酯直至渗漏停止。

6.5.54 当发生承压水坑底突涌时，应立即启动基坑内外所有降压井、观测井抽水，观察突涌情况变化；如仍不能控制突涌，迅速逐个井更换大泵量潜水泵连续抽水；在抽水无效的情况下，向基坑注水或进行土方回填，直至消除突涌。

6.5.55 基坑周边建筑物或管线变形较大时，应根据变形监测数据及现场情况及时通知相关单位，分析原因，根据变形情况制定加固、悬吊、隔离、跟踪注浆等措施并加强监测，同时调整基坑施工流程，减小事故损失。

6.5.56 基坑坑内降水时，当坑外观测井或坑外水位观测孔实测水位明显下降异常或超过警戒值时，可能是围护发生渗漏。坑内外较大的水位差容易造成围护渗水处砂土流失，造成沉降，应加强坑外的沉降监测有利于及早发现异常情况。针对已发现的围护渗水点应及时采取封堵措施，必要时可在坑外渗水点处施工降水井降低坑外水位。

Ⅶ 降水监测

6.5.57 疏干井预降水和降压井现场抽水试验、降水验证和正式降水期间，都必须监测周围建(构)筑物和地表沉降。

6.5.58 疏干井预降水期间，除了监测周围建(构)筑物和地表沉降外，还必须监测围护结构位移。

6.5.59 在降水正式运行前，对降水影响范围内的建(构)筑物、管线、地表等应布置监测点，并观测初始数据，测量不少于 2 次。降水施工期间监测频率不少于 1 次/d，需要进行控制点平差，测量误差允许为±0.5 mm。

6.5.60 降承压水的基坑周围建(构)筑物沉降测点布置范围应根据水文地质条件、坑外水位降深、环境条件等因素适当扩大。

6.5.61 降承压水期间应对基坑水准测量控制网至少每周复核 1 次，发现后视点沉降应加密复测。

6.5.62 降压井正式运行期间应时刻观测井口出水的水色情况；

若发现出水中含砂量超标，应及时反馈并实施相应的补救措施。

6.5.63 对于环境保护要求高、降水风险大、围护隔断承压水或围护插入承压水层深度较大的基坑工程，应在坑外适当布置观测井、水位观测孔或孔隙水压力计。

6.6 基坑开挖与回填

Ⅰ 基坑开挖

6.6.1 基坑开挖前应完成下列工作：

1 基坑专项方案已审批，地表、围护结构及周边环境监测点初始值已采集。

2 已落实弃、存土场地，并勘察好运输路线。

3 基坑范围内障碍物已清除，临时运输道路已修整完成，影响范围内的建(构)筑物和管(杆)线保护已落实。

6.6.2 存土点应避开建筑物、地下管线和架空线；基坑两侧 10 m 范围内不得存土；在已完成的结构顶部存土时，应在核算结构能承受的荷载后确定堆土高度。

6.6.3 当主体基坑开挖利用附属结构位置作为运输通道时，不得扰动地基原状土。

6.6.4 主体基坑开挖应水平分段、竖向分层依次开挖，并应符合下列规定：

1 土方开挖水平分段长度应依据设计文件规定的结构流水段长度划分，设计文件无要求时，宜为 12 m～16 m；开挖应与结构施工配合，并应符合设计文件要求。

2 开挖过程中不得出现反坡，不应超挖和掏底。

3 当采用放坡开挖无支护时，应随开挖随及时刷坡或护坡，边坡应平顺并应符合设计文件要求。

6.6.5 基坑开挖接近基底 20 mm 时，应人工清底，不得超挖或扰动基底土。

6.6.6 人工清底前，应按设计文件或施工方案的要求进行钎探，应检验下列内容：

1 核对基坑的位置、平面尺寸、坑底标高。

2 核对基坑土质、地下水情况、地基承载力。

3 空穴、古墓、古井、防空掩体及地下埋设物的位置、深度、性状。

6.6.7 基坑挖至基底设计文件要求的标高并清理后，施工单位应会同勘察、设计、建设、监理等单位共同进行验槽，合格后方可进行后续施工。

6.6.8 基底超挖、扰动、受冻、水浸或发现异物、杂土、淤泥、土质松软及软硬不均等现象时，应做好记录，并应进行处理。

6.6.9 冬期施工应及时用保温材料覆盖，基底不得受冻。

Ⅱ 基坑回填

6.6.10 基坑回填料不应使用淤泥、粉砂、杂土、有机质含量大于8%的腐殖土、过湿土、冻土和粒径大于 150 mm 的石块，并应符合设计文件要求。

6.6.11 回填土应取样进行击实试验，应通过试验段施工确定填料含水量控制范围、铺土厚度和压实遍数等参数。

6.6.12 回填土应在其最佳含水量下填筑，如含水量偏大应翻松晾干或加土拌匀；如含水量偏低，应洒水湿润；回填料为碎石类土时，回填或碾压前应洒水湿润至最佳含水量。

6.6.13 基坑回填应在结构和地下管线结构达到设计文件规定的强度后进行，基坑回填前应将基坑内积水、杂物清理干净。

6.6.14 基坑回填应分层、水平压实；结构两侧应水平、对称、同步回填；基坑回填高程不一致时，应从低处逐层填压；基坑分段回填接茬处，已填土坡应挖台阶，其宽度不得小于 1.0 m，高度不得大于 0.5 m。

6.6.15 基坑回填时，机械或机具不得碰撞结构及防水保护层。结构两侧、顶部及地下管线顶 0.5 m 范围内应采用小型机具夯实。

6.6.16 基坑回填土采用机械碾压时，搭接宽度不得小于 200 mm；人工夯填时，夯与夯之间重叠不得小于 1/3 夯底宽度。

6.6.17 基坑回填碾压过程中，应取样检查回填土压实度。

6.6.18 基坑雨季回填时应集中力量，分段施工。各工序应连续作业。雨前应及时压完已填土层并将表面压平后做成一定坡度。雨中不得填筑非透水性土质。

6.6.19 基坑不宜冬季回填。若冬期施工时，应采取防冻措施，并应符合下列规定：

1 每层铺土厚度应比常温施工减少 20%～25%，并应增加压实度 1%以上。

2 冻土块填料含量不得大于 15%，粒径不得大于 150 mm，应均匀铺填、逐层压实；建筑物、地下管线、道路工程路面下 1 m 范围内不得回填冻土块。

3 基坑回填前应清除回填面上积雪和保温材料；上层填土应用未冻土填铺，其厚度应符合设计文件要求。

4 土方回填应分段施工，各工序也应连续作业。

5 基面压实后应立即采取覆盖等防冻措施。

6 应根据测试结果和设定配比，严格控制填料含水量。

6.7 内部结构施工

Ⅰ 钢筋工程

6.7.1 钢筋的性能应符合现行国家标准《混凝土结构工程施工规范》GB 50666 的规定。

6.7.2 钢筋进场验收每检验批重量不应大于 60 t。

6.7.3 钢筋运输、存储应按验收批保留标牌，并分批堆放整齐和标识，不得锈蚀和污染。

6.7.4 钢筋加工应符合下列规定：

1 钢筋加工前，应按照设计文件要求编制钢筋下料单。

2 钢筋加工的形状、尺寸应符合设计文件要求。

3 特殊部位和曲线形钢筋应按 1∶1 的比例制作台具，并在台具上加工。

4 钢筋的弯制和末端弯钩应严格按设计文件要求加工，应一次成型，弯曲后平面上应没有翘曲不平现象。

5 钢筋加工半成品经检查合格后应按类别、直径、使用部位分类堆放整齐，并应挂好标识。

6.7.5 钢筋加工除符合本规程规定外，还应符合现行国家标准《混凝土结构工程施工规范》GB 50666 的规定。

6.7.6 钢筋接头连接应符合下列规定：

1 钢筋接头宜在加工场内连接；若需要在现场连接的，宜根据现场条件采用螺纹连接、搭接焊和搭接绑扎方式。

2 当钢筋直径大于 22 mm 时，优先采用机械连接或焊接；当受拉钢筋直径大于 28 mm 及受压钢筋直径大于 32 mm 时，不宜采用绑扎搭接接头。

3 钢筋焊接接头的焊工应持有上岗证书，机械连接接头的操作人员应经培训合格后方可上岗。

4 钢筋接头焊接所使用的焊条、焊剂、性能以及接头使用的钢板和型钢应符合设计文件要求和现行行业标准《钢筋焊接及验收规程》JGJ 18 的有关规定。

5 钢筋接头机械连接以螺纹连接为主，主筋接头混凝土保护层厚度应符合设计文件要求，钢筋连接应符合现行行业标准《钢筋机械连接技术规程》JGJ 107 的有关规定。

6 钢筋接头连接应进行工艺试验，并应按批量现场取样进行抽检试验。

6.7.7 除设计文件中注明外，受拉钢筋锚固长度应符合表 6.7.7 的规定。

表 6.7.7　受拉钢筋锚固长度

钢筋种类 \ 直径 \ 混凝土强度	C30 混凝土		C35 混凝土		C40 混凝土	
	d ≤25 mm	d >25 mm	d ≤25 mm	d >25 mm	d ≤25 mm	d >25 mm
HPB300	$33d$	—	$28d$		$25d$	—
HRB400	$41d$	$45d$	$35d$	$39d$	$31d$	$34d$

注：d 为钢筋直径。

6.7.8　受力钢筋接头位置应符合下列规定：

1　同一纵向受力钢筋不宜设置 2 个及以上接头。

2　设在同一构件内的受力钢筋焊接接头，任一焊接接头中心至长度为 $35d$ 且不小于 500 mm 的区段内，同一根钢筋不得有 2 个接头；若该区段在受拉区内，接头的受力面积占受力钢筋总截面积不应超过 50%。

3　设在同一构件内的受力钢筋螺纹连接接头，接头中心至长度为 $35d$ 且不小于 500 mm 的区段内，同一根钢筋不宜有两个接头；若现场条件限制，该区段内有 2 个及以上接头时，应采用Ⅰ级螺纹接头。

4　设在同一构件内的受力钢筋采用绑扎搭接接头，绑扎搭接长度应为 1.4 倍的锚固长度，并应符合现行国家标准《混凝土结构工程施工规范》GB 50666 的规定。

5　直接承受动力荷载的结构构件，受力钢筋不宜采用焊接；当采用螺纹连接时，同一受拉区段内接头的受力面积占受力钢筋总截面积不得超过 50%。

6　受力钢筋接头位置设计文件中无规定时，钢筋连接位置应设置在受力较小处，并宜符合下列规定：

1) 顶板及其梁、各层楼板及其梁，上部钢筋应在跨中 1/3 范围内连接，下部钢筋应在支座 1/3 范围内连接。

2）底板及其梁，上部钢筋应在支座1/3范围内连接，下部钢筋应在跨中1/3范围内连接。

3）侧墙外侧钢筋应在跨中1/3范围内连接，内侧钢筋应在支座1/3范围内连接。

7 有抗震设防要求的结构，梁端、柱端箍筋加密区范围内不宜设置钢筋接头，且不应进行钢筋搭接连接。

6.7.9 钢筋安装前应进行检查，并应符合下列规定：

1 应清点数量、类别、型号、直径，锈蚀的钢筋应除锈，锈蚀严重的应更换，弯曲变形钢筋应校正。

2 应将结构内的杂物清理干净，并应调直施工缝处的钢筋。

3 应确定结构位置和高程，底模板支立应施工完成，并应测放钢筋位置。

6.7.10 结构不在同一高程或坡度较大时，应自下而上进行绑扎，并应增设适当固定点或加设支撑。

6.7.11 钢筋安装应采用相同强度等级的砂浆垫块或专用垫块支垫，支垫间距宜为1 m，并按行列式或交错式摆放，垫块与钢筋应绑扎牢固。

6.7.12 钢筋绑扎应符合设计文件要求。绑扎点应符合下列规定：

1 绑扎接头保证搭接长度不小于35d，绑扎接头受拉区不超过25%。

2 钢筋搭接时，中间和两端共绑扎3处；并应单独绑扎后，再和交叉钢筋绑扎。

3 主筋和分布筋，除变形缝、施工缝处2列～3列交叉点全部绑扎外，其他可间隔绑扎。

4 主筋之间或双向受力钢筋交叉点应全部绑扎。

5 单肢箍筋和双肢箍筋拐角处与主筋交叉点应全部绑扎，平直部分与主筋交叉点可间隔绑扎。

6 墙、柱竖向钢筋与底板水平主筋交叉点应绑扎牢固；悬臂超过 2 m 时，交叉点宜焊接，并宜增加临时支撑。

7 钢筋网片除外围两行钢筋交叉点全部绑扎外，中间部分交叉点可间隔交错绑扎牢固。

8 钢筋绑扎接头与钢筋弯曲处相距不应小于 10 倍主筋直径，也不宜位于最大弯矩处。

9 梁板在绑扎双层钢筋时，应设置马凳钢筋；马凳钢筋直径不宜小于 22 mm，间距应符合设计文件或方案要求。

6.7.13 钢筋绑扎的顺序宜符合下列规定：

1 底板宜先绑扎底板梁的钢筋，再绑扎底板下层钢筋及墙、柱插筋，最后绑扎底板上层钢筋，中板和顶板宜先绑扎板内墙、柱钢筋，再绑扎纵梁或横梁钢筋，最后绑扎板的钢筋。

2 墙体钢筋绑扎应先绑扎暗柱和扶壁柱钢筋；单侧支模宜先绑扎墙体外侧钢筋，后绑扎墙体内侧钢筋。

3 梁、柱钢筋绑扎时，应先绑扎柱的钢筋，再绑扎梁的钢筋；梁柱节点钢筋位置应符合设计文件要求。矛盾时，应征求设计单位处理意见。

4 墙、板预留洞口位置应按设计文件要求留置钢筋接驳器，钢筋接驳器位置应准确，并应进行保护。

5 穿越结构的预埋、预留件影响钢筋绑扎时，应与设计单位协商处理。

Ⅱ　模板与支架

6.7.14 模板和支架进场应验收，并应符合其相应的国家现行标准的要求。

6.7.15 模板和支架应预先设计，并应符合下列规定：

1 模板和支架应可靠承受钢筋混凝土及施工荷载，宜采用大模板。

2 结构形状、位置和尺寸应符合设计文件要求。

3 构造应简单，施工应方便，应装拆灵活利于搬运，应能满足钢筋安装、绑扎和混凝土浇筑等工艺要求。

4 墙、柱模板应预留吹扫孔。

6.7.16 模板安装前应测量放线，铺设前应清理干净并涂刷脱模剂，铺设应牢固、平整，接缝严密不漏浆，相邻两块模板接缝高低差不应大于 2 mm。支架体系连接应牢固稳定。

6.7.17 垫层混凝土模板支立应平顺、位置正确。

6.7.18 底板结构防水层的保护墙应支撑牢固。结构梗斜和底梁模板支立位置应正确、牢固、平整。

6.7.19 墙体采用双侧支模板时，宜采用拉杆螺栓固定(图 6.7.19)。有防水要求的拉杆应设止水环，两端应加垫块。拆模后，垫块孔应用膨胀水泥砂浆堵塞严密。

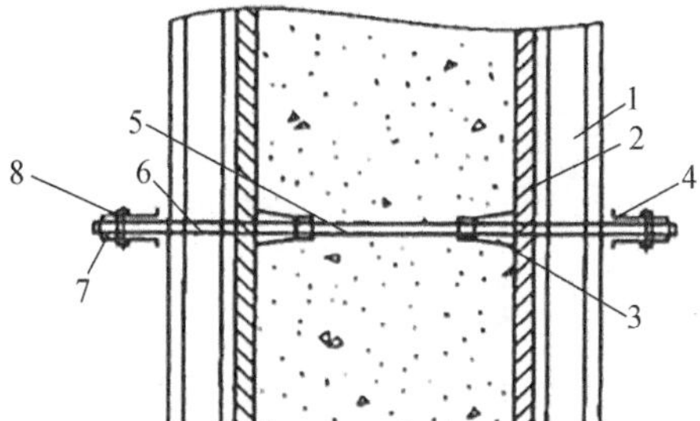

1—立带；2—模板；3—锥形垫块；4—横带；
5—拉杆；6—螺栓；7—螺帽；8—垫板

图 6.7.19 模板拉杆螺栓连接示意

6.7.20 墙体采用单侧支模板时，宜选用三角形单侧模板支撑体系(图 6.7.20)。其地脚螺栓埋设应锚固牢固，外露尺寸、位置、角度应准确；模板支撑拼装好后应逐榀吊装就位；安装模板时，应设置支撑、拉接或配重，防止模板倾覆。

6.7.21 顶板(中板)支架应验收合格后方可铺设模板，模板铺设应根据结构跨度预留 10 mm～30 mm 的沉落量。

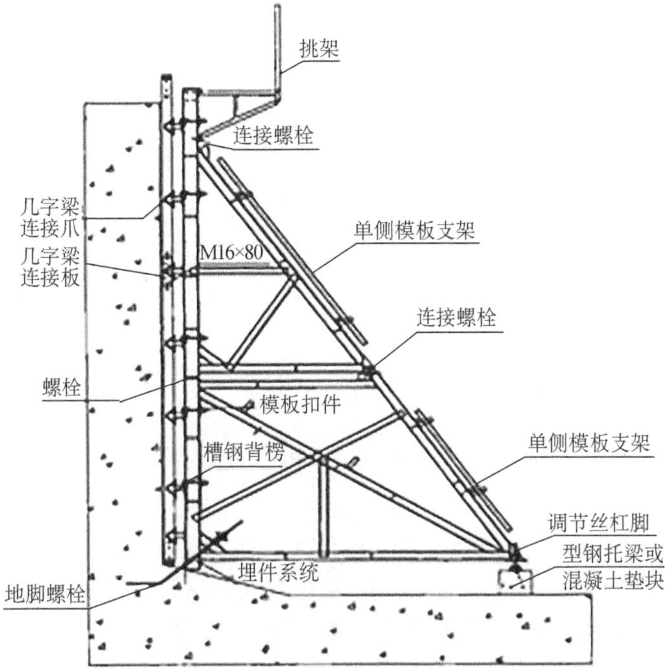

图 6.7.20 单侧模板安装示意

6.7.22 墙体与中板(顶板)一体支模时,墙内模与板底模连接的净空应进行调整,应经验收合格后方可连接固定;墙体外侧模板宜在钢筋绑扎完后支立。

6.7.23 柱模板应自下而上分层支立,支撑应牢固。

6.7.24 区间结构采用模板台车施工时,应符合本规程第 10.8.8 条的规定。

6.7.25 模板和支架拆除时混凝土强度应符合下列规定:

1 非承重侧墙,其强度应达到 2.5 MPa。

2 承重结构板跨度在 2 m 及其以下时,其强度应达到 50%;跨度在 2 m~8 m 时,其强度应达到 75%;跨度在 8 m 以上时,其强度应达到 100%。

3 梁跨度不超过 8 m 时，其强度应达到 75%；跨度在 8 m 以上时，其强度应达到 100%。

4 悬臂构件跨度在 2 m 及其以下时，其强度应达到 75%；跨度在 2 m 以上时，其强度应达到 100%。

5 混凝土强度等级的确定应依据同条件养护试块的抗压强度确定。

6.7.26 模板和支架拆除应按先支后拆原则进行；拆除过程中不得损坏已有结构；模板拆除后应及时清除灰渣，对损坏的模板应进行维修。

Ⅲ 混凝土浇筑

6.7.27 防水混凝土施工除应符合本节规定外，尚应符合本规程第 10 章的有关规定。

6.7.28 混凝土浇筑部位应采取防止暴晒和雨淋措施。混凝土浇筑前应对模板、钢筋、预埋和预留件、止水带等进行检查，应清除模内杂物和积水，应经验收合格后方可浇筑混凝土。

6.7.29 垫层混凝土应沿线路方向浇筑。混凝土布设应均匀。

6.7.30 底板混凝土应根据底板的厚度、尺寸、平面形状选择分层浇筑方法。混凝土浇筑至高程且初凝前，应用表面振捣器振后抹面。

6.7.31 墙体单独浇筑时，应水平分层连续浇筑，分层厚度宜为 500 mm；墙体高度大于 3 m 时，应设串筒，防止混凝土离析；浇筑高度应留有混凝土沉降量。

6.7.32 墙体和中板(顶板)混凝土一体浇筑时，应符合下列规定：

1 墙体混凝土应左右对称、水平、分层连续浇筑，两侧高差不宜大于 500 mm，浇筑至墙板交界处应间歇 1 h～1.5 h，再浇筑顶板混凝土。

2 中板(顶板)混凝土由两边墙分别向中间方向浇筑。混凝土浇筑至板顶设计文件规定的高程时，在初凝前应用表面振捣器振捣一遍后再人工抹面。

6.7.33 混凝土柱宜单独水平分层浇筑；若柱、墙、板一体浇筑时，应先浇筑柱，再浇筑墙，最后浇筑板。

6.7.34 当板、墙、柱的混凝土强度等级、性能有差异时，应采取措施，不得混用。

6.7.35 混凝土浇筑过程中应及时观测模板、支架、钢筋、预埋件和预留孔洞等情况，发现问题应及时处理。

6.7.36 混凝土入模温度不应低于 5 ℃，不宜超过 35 ℃。大体积混凝土入模温度不宜超过 30 ℃。

6.7.37 混凝土终凝后应及时养护，并应符合下列规定：

1 采用硅酸盐水泥、普通硅酸盐水泥或矿渣硅酸盐水泥配制的混凝土养护时间不应少于 7 d。

2 采用缓凝型外加剂、大掺量矿物掺合料配比的混凝土养护时间不应少于 14 d。

3 抗渗混凝土养护时间不应少于 14 d。

6.7.38 垂直施工缝的端头应设置堵头模板。设有中埋式止水带的施工缝应先支立正水带下层模板或外侧模板，后支立上层模板或内侧模板，两侧模板应将止水带固定牢固。

6.7.39 混凝土施工缝留置位置应符合下列规定：

1 柱体水平施工缝应留置于底板（或基础、底梁）顶、顶板（中板）顶或梁底。

2 梁、板垂直施工缝应留置在距离支承端的 1/3 范围内，且不得留置水平施工缝。

3 墙体与底板间的水平施工缝应高出底板 200 mm～300 mm，如有梗斜应留置在梗斜上 200 mm～300 mm。

4 水平施工缝应平直，不得出现波浪现象；垂直施工缝应垂直、平整。

6.7.40 施工缝处后续浇筑混凝土时应符合下列规定：

1 已浇筑混凝土强度不应低于 2.5 MPa。

2　已浇筑混凝土表面应凿毛并清除干净；有防水要求的，防水细部做法应符合设计文件要求。

3　浇筑混凝土前，施工缝处应先洒水湿润，水平施工缝应先铺 20 mm～30 mm 厚与浇筑混凝土同标号微膨胀水泥砂浆。

6.7.41　变形缝处的端头模板应钉填缝板，填缝板与嵌入式止水带中心线应与变形缝中心线重合，并应用模板固定牢固。止水带不得穿孔或用铁钉固定。

6.7.42　变形缝设置中埋式止水带时，混凝土浇筑应符合下列规定：

1　浇筑前应校正止水带位置，表面清理干净，止水带损坏处应修补。

2　应先浇筑嵌入式止水带下部的混凝土，待嵌入式止水带压紧其上表面后，方可继续浇筑。

3　边墙处止水带应位置正确、平直、无卷曲现象、固定牢固，内外侧混凝土应对称、均匀、水平浇筑。

6.7.43　后浇带侧模宜采用钢丝网模板。有防水要求的，防水细部做法应符合设计文件要求。

6.7.44　留置的后浇带周围应进行保护，防止进水和污染钢筋。

6.7.45　结构后浇带混凝土施工应符合下列规定：

1　位置应设置在受力和变形较小处，缝宽宜为 0.8 m～1.0 m。

2　后浇带混凝土应在其两侧混凝土龄期达到 42 d 后进行。

3　后浇带混凝土施工前，两侧混凝土应凿毛、清理干净，并应洒水保持湿润。

4　后浇带混凝土应采用微膨胀混凝土，其配合比应经试验确定，并不得低于两侧混凝土强度等级。

5　后浇带混凝土养护期不应少于 28 d。

7 顶管法

7.1 一般规定

7.1.1 施工前应进行现场调查研究，并应对工程沿线有关工程地质、水文地质、地上与地下管线、建(构)筑物、障碍物及其他设施等周边环境情况的详细资料进行核实确认。

7.1.2 顶管施工前应熟悉施工图纸，掌握设计意图与要求，并应进行设计交底。

7.1.3 顶管施工前应编制施工组织设计。施工组织设计应包括下列内容：

1 工程概况：危大工程概况和特点、施工平面布置、施工要求和技术保证条件。

2 编制依据：相关法律、法规、规范性文件、标准、规范及施工图设计文件、施工组织设计等。

3 施工计划：施工进度计划、材料与设备计划。

4 施工工艺技术：技术参数、工艺流程、施工方法、操作要求、检查要求等。

5 施工安全保证措施：组织保障措施、技术措施、监测监控措施等。

6 施工管理及作业人员配备和分工：施工管理人员、专职安全生产管理人员、特种作业人员、其他作业人员等。

7 验收要求：验收标准、验收程序、验收内容、验收人员等。

8 应急处置措施。

9 计算书及相关施工图纸。

7.1.4 顶管施工应根据设计要求、工程特点及有关规定，对顶管沿线影响范围内的地表、邻近建(构)筑物及地下管线设置观测点进行监测。监测的信息应及时反馈,发现问题应及时处理。

7.1.5 顶管工程所用的管材、构配件和主要原材料等产品进场应按照国家有关标准的规定进行验收。

7.1.6 顶管设备必须经检验合格后再进入施工现场,并应进行单机、整机联动调试。

7.1.7 顶管施工中的测量应建立地面与地下测量控制系统,控制点应设在不易扰动、视线清楚、方便校核和易于保护的地方。

7.2 顶管工作井、接收井

7.2.1 工作井和接收井围护结构形式应根据工程地质条件、水文地质条件、邻近建(构)筑物、地上与地下管线情况、结构受力及施工安全等要求合理选型。工作井和接收井可采用钢板桩、沉井、地下连续墙、灌注桩或型钢水泥土搅拌墙等结构形式。

7.2.2 工作井的最小净长度宜按下式计算:

$$L \geqslant L_1 + L_2 + L_3 + S_1 + S_2 + S_3 \tag{7.2.2}$$

式中:L——工作井最小净长度(m);

L_1——顶管机或管段长度,取大者(m);

L_2——千斤顶长度(m);

L_3——后座及扩散段厚度(m);

S_1——顶入管段留在导轨上的最小长度(m),可取 0.5 m;

S_2——顶铁厚度(m);

S_3——考虑顶进管段回缩及便于安装管段所留附加间隙(m),可取 0.2 m。

7.2.3 工作井的最小净宽度宜按下式计算:

$$B \geqslant D + 2b \tag{7.2.3}$$

式中:B——工作井的最小净宽度(m);

D——管道外径(m)；

b——施工操作空间(m)，可取 0.8 m～1.5 m。

7.2.4 工作井的最小深度可按下式计算：

$$H = H_1 + D + h \tag{7.2.4}$$

式中：H——工作井最小深度(m)；

H_1——管顶覆盖层厚度(m)；

D——管道外径(m)；

h——管底下的操作空间(m)，钢管可取 0.7 m～0.8 m，钢筋混凝土管可取 0.4 m～0.5 m，其他管材可根据实际情况取值。

7.2.5 工作井的穿墙孔直径可按下式计算：

$$D_1 = D' + 0.1\ \mathrm{m} \tag{7.2.5}$$

式中：D_1——工作井的穿墙孔直径(m)；

D'——顶管机外径(m)。

7.2.6 工作井的穿墙孔应设置止水装置。止水装置可采用盘根止水或橡胶止水，也可采用组合形式止水。止水装置的设置应符合下列规定：

1 砂土、粉土等土层宜采用盘根止水。

2 黏性土土层宜采用橡胶止水。

3 在长距离顶管或承压水土层中宜采用多道或组合形式止水。

4 顶管结束后，管道与穿墙孔的间隙应及时进行封堵。

7.2.7 接收井的最小净长度和净宽度应满足顶管机在井内拆除和吊出的要求。

7.2.8 接收井的穿墙孔应考虑止水要求，其直径可按下式计算：

$$D_2 = D' + 0.3\ \mathrm{m} \tag{7.2.8}$$

式中：D_2——接收井的穿墙孔直径(m)；

D'——顶管机外径(m)。

7.3 顶管始发与接收

7.3.1 顶管始发及接收的洞口土体加固应根据工程地质条件、水文地质条件、顶管机型、管道直径、顶管推进方向、坡度、埋深和周围环境等情况综合确定。土体加固宜采用水泥土搅拌桩、高压旋喷桩、冻结法及降水等形式。

7.3.2 顶管洞口的加固效果应采用钻芯取样的方式进行检验,加固体的强度符合设计要求,并应检查加固体的均匀性和防渗漏性能,始发、接收前应在洞门上打设探测孔,确认止水措施的有效性。

7.3.3 采用沉井施工的工作井和接收井的洞口临时封门可采用钢封门、砖砌封门、钢筋混凝土封门、型钢封门或以上几种的组合等形式。

7.3.4 顶管施工采用降水措施时应设置水位观测井,并应使水位降至管底 0.5 m 以下。

7.3.5 洞口凿除物应清除干净,顶管机始发时,导轨上的管道应与洞口的止水装置保持同轴,避免损坏洞口的止水装置。

7.3.6 顶管机始发时应设置延伸导轨,其标高和轴线应与工作井内导轨一致。

7.3.7 顶管机在进入接收井洞口加固体时,应降低推进速度并减小正面压力。接收井内应设置接收导轨。

7.3.8 顶管始发前应验算顶管机和管道的后退受力状态。起始顶进阶段不宜实施注浆减阻措施,并应在起始顶进段设置可靠的止退装置。

7.3.9 在含承压水的砂性土层中,顶管始发和接收宜采用降压措施。当周边环境保护要求高时,顶管机接收可采用水下进洞和钢套筒辅助进洞方式。

7.4 管材和管道接口

Ⅰ 管材选用

7.4.1 顶管管材材质应根据设计要求、管道用途、管材特性及工程具体情况确定。

7.4.2 给水工程管材宜选用钢管或玻璃纤维增强塑料夹砂管，钢管管身外防腐施工应在工厂内完成。

7.4.3 排水工程管材宜选用钢筋混凝土管、玻璃纤维增强塑料夹砂管或预应力钢筒混凝土管。

7.4.4 输送腐蚀性水体或管外水土有腐蚀性时，宜优先选用玻璃纤维增强塑料夹砂管。

Ⅱ 钢 管

7.4.5 钢管管节的长度应根据钢板定尺宽度确定，管节在对接时纵向焊缝错开应大于 300 mm。

7.4.6 管节内、外直缝宜采用埋弧自动焊。

7.4.7 采用埋弧自动焊时，拼缝两端应装引弧板及收弧板，并在焊后切除，切除时不应损伤焊缝表面。

7.4.8 焊接坡口处必须清除铁锈、油污、水分，表面应打磨光滑，且无凹凸不平。

7.4.9 管节制作的拼装应在专用的拼装胎架上进行。

7.4.10 焊缝坡口宜采用 V 形，角度宜为 40°。

7.4.11 焊缝不应有裂缝、气孔、夹渣及融合性飞溅等缺陷。

7.4.12 井内管道接口拼装焊接不宜在井内修边。

7.4.13 拼装后待焊缝冷却，无损检验合格后应进行防腐处理。

7.4.14 焊缝质量检查应符合设计文件及现行国家标准《现场设备、工业管道焊接工程施工规范》GB 50236 与《现场设备、工业管道焊接工程施工质量验收规范》GB 50683 的要求。

7.4.15 钢管制作、接口连接的焊接质量应评定合格，焊接检验人员应取得相应工艺资格。

Ⅲ 钢筋混凝土管

7.4.16 钢筋混凝土管制作质量应符合现行国家标准《混凝土和钢筋混凝土排水管》GB/T 11836 及现行行业标准《顶管施工法钢筋混凝土排水管》JC/T 640 的规定。管节及接口的尺寸精度和抗渗性能应符合设计要求。

7.4.17 钢筋混凝土管的混凝土强度等级不宜低于 C50，抗渗等级不宜低于 P8。

7.4.18 钢筋混凝土管宜采用双道橡胶密封圈的钢承插接口形式。

7.4.19 顶进前应对钢筋混凝土管、钢套环、橡胶密封圈及衬垫材料作检测和验收。

7.4.20 钢套环应按设计要求进行防腐处理，端部刃口应无疵点，焊接处应平整。

7.4.21 木衬垫板粘贴时，应位置准确、粘贴牢固、表面平整。

7.4.22 管节承插前，应用粘结剂将橡胶密封圈正确固定在槽内，并应涂抹对橡胶无腐蚀作用的润滑剂。承插时，外力必须均匀，承插后橡胶密封圈不应移位且不应反转。承插后，应对双道橡胶密封圈进行单口打压试验，合格后方可进行顶进作业。

7.4.23 顶管施工完成后，应先将管节接缝清洗、干燥，再采用弹性密封填料或硅藻泥对管节接缝进行嵌缝。

Ⅳ 玻璃纤维增强塑料夹砂管

7.4.24 玻璃纤维增强塑料夹砂管质量和检测应符合现行国家标准《玻璃纤维增强塑料顶管》GB/T 21292 的要求。

7.4.25 玻璃纤维增强塑料夹砂管接头可采用双插口接头或承插口接头方式。

7.4.26 管道内表面应光滑、无缺陷及无损伤。管道外表面平直度应小于 3 mm。管节长度应由设计确定，且不宜超过 6 m。

7.4.27 给水顶管的管内涂层树脂必须符合现行国家标准《食品容器及包装材料用不饱和聚酯树脂及其玻璃钢制品卫生标准》GB 13115 的规定。

7.4.28 玻璃纤维增强塑料夹砂管在顶进时，应在每根管节接口端面、顶铁及中继间接触面加设木衬垫。

7.4.29 管节接口连接完成后，应对双道橡胶密封圈进行单口打压试验，合格后方可进行顶进作业。

V 预应力钢筒混凝土管

7.4.30 预应力钢筒混凝土管的制作质量应按照现行国家标准《预应力钢筒混凝土管》GB/T 19685 的有关规定执行。

7.4.31 管道承、插口端部混凝土不应有缺料、掉角、孔洞等缺陷。

7.4.32 管道内壁混凝土表面应平整光洁，不应出现直径或深度大于 10 mm 孔洞、凹坑以及蜂窝麻面等不密实现象。

7.4.33 管道外壁混凝土表面应平整，无粘皮、麻面、蜂窝、塌落、露筋、空鼓，局部凹坑深度不应大于 5 mm。

7.4.34 管道接头用的橡胶密封圈断面形状、尺寸及材质应符合设计要求。

7.4.35 管道承插口钢环及管外壁钢承口的外露部分应采用有效的防腐材料加以保护。

7.4.36 预应力钢筒混凝土管标识、运输和保管应符合下列规定：

1 管节出厂前应对合格的管节进行标志，标志内容应包括企业名称、产品商标、产品标记以及生产日期。

2 吊装管节时，应采取措施防止管节碰伤，严禁采用钢丝绳穿心方式吊装。

3 管节应按不同管节品种、公称内径、工作压力、覆土深度堆放，不得混放。

4　在干燥气候条件下，应加强管节的后期洒水保养工作。

7.4.37　预应力钢筒混凝土管使用应符合下列规定：

1　管节的使用应符合现行国家标准《给水排水工程施工及验收规范》GB 50268 的规定，其中相邻管节之间接头控制允许转角不应大于 0.3°。

2　顶管施工期间不得直接在管节内壁上钻孔或造成其他形式的破坏。

3　顶管施工时，管节接头之间应设置符合要求的木衬垫板。施工完毕，接头内间隙应采用水泥砂浆填满。

4　橡胶密封圈宜与管节配套供应。

Ⅵ　橡胶密封圈

7.4.38　橡胶密封圈的尺寸、形状、圈数和材料性能应符合设计要求。

7.4.39　橡胶密封圈材料性能应符合现行国家标准《橡胶密封件　给、排水管及污水管道用接口密封圈材料规范》GB/T 21873 的要求。

7.4.40　接头用的橡胶密封圈在遇有含油的地下水部位，宜选用丁腈橡胶；在遇含油弱酸弱碱地下水时，宜选用氯丁橡胶；在遇霉菌侵蚀时，宜选用防霉等级二级及以上的橡胶；在平均气温低的部位，宜选用三元乙丙橡胶。

Ⅶ　衬垫板

7.4.41　预制管节接头处应设置衬垫板。

7.4.42　木衬垫板应符合下列规定：

1　木衬垫板应选用质地均匀有弹性的松木、杉木或胶合板。

2　木衬垫板在满足传力要求的同时，尚应满足强度和变形要求。

3　木衬垫板厚度应为 10 mm～30 mm。

4　木垫圈厚度应根据管道直径和曲率半径确定。

7.4.43 钢筋混凝土管、预应力钢筒混凝土管的衬垫板外径应与管插口橡胶密封圈槽口齐平，单侧应比管道内径大 20 mm。

7.4.44 玻璃纤维增强塑料夹砂管衬垫板外径应等于接头的最小外径，内径宜比管道内径大 2 mm。

7.5 管道顶进

7.5.1 管道顶进时应符合下列规定：

1 顶管机在始发洞口外侧土体加固区的初始顶进速度宜小于 10 mm/min。

2 顶管机进入土层后正常顶进时，顶进速度宜小于 30 mm/min。

3 顶管机初始土压力控制值和顶进速度应根据洞口外侧土体的加固强度和加固体积设定。

4 顶管机土压力控制值应根据选用的顶管机型确定，土压平衡式顶管机宜设定在静止水土压力值与被动土压力值之间，泥水平衡式顶管机宜设定在地下水压力值加 0.02 MPa。

7.5.2 管道顶进中的顶管机防磕头可采取如下措施：

1 调整后座主顶千斤顶的合力中心，用后座千斤顶进行纠偏。

2 土体承载力低于 100 kPa 时，对于钢筋混凝土管、预应力钢筒混凝土管、玻璃纤维增强塑料夹砂管顶管，应将顶管机后的 3 节～5 节管节用拉杆连成一体。

3 顶管始发时，洞口外侧土体应进行加固；土体承载力低于 60 kPa 或处于含承压水的砂性土层中时，加固长度宜大于顶管机长度。

4 洞口的止水装置密封应可靠，止水装置失效时应及时封堵处置。

7.5.3 顶管顶进时，顶管机应备有限扭措施。顶管机及中继间应设管道扭转显示装置，管道扭转时宜采用单侧压重，或改变顶管机切削刀盘的转动方向进行纠正。

7.5.4 工作井内拼装管节时，主顶千斤顶在缩回前应对已顶进的管节进行临时限位固定。

7.5.5 每顶进一节管节应测量一次顶管机的姿态偏差，超过允许值时应及时纠偏，并应根据纠偏效果调整纠偏角度。

7.5.6 控制和减少沉降可采用如下施工措施：

1 顶管各项施工参数应严格控制。

2 顶管机尾部后方的管节压浆孔应及时有效地进行同步注浆，确保能形成完整的泥浆套；同步注浆时应“先压后顶、边压边顶”，管道内的沿线补浆压浆孔应及时进行补浆，并应严格控制注浆量及注浆压力。

3 顶管施工时应进行实时施工监测和信息化施工，监测数据应及时报告，并应根据监测数据调整施工参数。

4 顶进过程中出现管节渗漏时应立即堵漏。

5 顶管结束后应采用水泥浆对泥浆套进行固化。

7.5.7 管道接口嵌缝应符合下列要求：

1 嵌缝所用的密封胶材料应符合现行国家标准《建筑密封胶分级和要求》GB/T 22083 及设计要求。

2 施工时管壁和接口处应无渗漏、无灰尘、无油污、无水分，保持管道内干燥，管道内杂物应清除干净。

3 对于曲线段顶管接口，在密封胶嵌缝前，张角处的空隙应采用泡沫填充剂注入充实。

4 密封胶施工完成后表面应平整，宽度应均匀。

7.5.8 压浆孔封堵应符合下列规定：

1 顶管顶进完成后，应对管节上的压浆孔进行封堵。

2 压浆孔封堵应采用弹性密封材料，密封胶与固化剂配比数量应经现场封堵试验确定。

3 胶粘剂宜按现场试验确定的重量比均匀混合，且配置后应立即使用。

4 压浆孔应封堵严密，不得出现渗漏。

7.6 触变泥浆

7.6.1 触变泥浆压注管路布置应符合下列规定：

1 顶进距离为 500 m 以内的，宜采用 1 根总管、1 套管路系统。

2 长距离顶管宜采用 2 根总管、2 套管路系统和 2 种不同配方的浆液。

3 长距离顶管应在总管沿线设置中间接力泵站。

7.6.2 触变泥浆配合比应根据试验确定，触变泥浆性能指标可按表 7.6.2 选用。泥浆应充分搅拌水化，泥浆搅拌完成宜放置 24 h 后再行使用。

表 7.6.2 触变泥浆性能指标

黏度	滤失量	比重
＞30 s	＜25 mL/30 min	1.02～1.30

7.6.3 注浆泵可选用液压注浆泵、柱塞泵或螺杆泵。泵的压力和流量应能满足顶管管径、埋深与顶进长度的要求。总管宜采用直径 50 mm 的钢管，支管宜采用直径 25 mm 的耐压橡胶管。每个注浆孔处应设球阀，并应在管路上设置压力表。

7.6.4 顶管机尾部后方管节应设置不少于 4 个连续同步注浆断面，同步注浆量应根据实际情况确定。注浆压力控制宜符合下式要求：

$$P = k\gamma h \tag{7.6.4}$$

式中：P——注浆压力(kPa)；

k——经验系数，取 0.8～1.2；

γ——土的重度(kN/m^3);

h——埋深(m)。

7.6.5 在工作井的出洞口井壁宜预埋注浆管,用于补充注浆。

7.7 管道防腐

Ⅰ 钢 管

7.7.1 防腐施工前,应检查钢管表面质量,并应清除钢管表面油污杂物。

7.7.2 内外壁除锈宜采用喷砂除锈或乳化剂清洗。

7.7.3 金属表面清洁度应达到 Sa2.0 级,粗糙度应在 60 μm～100 μm 范围内。

7.7.4 外防腐宜采用熔结环氧粉末防腐涂层或环氧玻璃漆。

7.7.5 熔结环氧粉末防腐涂层厚度应符合下列要求:

1 一般防腐环境条件,涂层总厚度不应小于 620 μm,涂层的底层厚度不应小于 250 μm,面层厚度不应小于 370 μm。

2 特殊防腐环境条件,涂层总厚度不应小于 800 μm,涂层的底层厚度不应小于 300 μm,面层厚度不应小于 500 μm。

7.7.6 环氧玻璃漆防腐涂层厚度应符合下列要求:

1 一般防腐环境条件,涂层总厚度不应小于 500 μm,涂层底漆厚度不应小于 50 μm。

2 特殊防腐环境条件,涂层总厚度不应小于 1 000 μm,涂层底漆厚度不应小于 100 μm。

7.7.7 内防腐宜采用环氧砂浆内衬、水泥砂浆内衬,内衬厚度应满足设计要求。

7.7.8 防腐涂料产品应具有出厂合格证及检测报告,包装应完好、无破损且无滴漏。

7.7.9 进行管道防腐喷涂时,应在前一道固化 4 h～8 h 后进行下道涂层作业,后一道涂层间隔不宜超过 2 周。

Ⅱ 钢筋混凝土管

7.7.10 钢筋混凝土管内宜采用弹性聚氨酯类耐酸碱、耐紫外线防水防腐涂料。

7.7.11 防腐涂料产品应具有出厂合格证及检测报告，包装应完好、无破损且无滴漏。

7.7.12 内防腐作业前应对渗漏点进行处理。

7.7.13 混凝土内壁防腐涂料工程中所用的腻子应具有与混凝土粘结牢固、快速干燥的性能，抗碱渗透底漆与基面和涂料应有结合力。

7.7.14 混凝土内壁防腐涂料工程施工应自上而下进行，涂料应分段施工、分格涂装。

Ⅲ 其 他

7.7.15 给水管道内防腐材料卫生性能各指标应满足设计要求。

7.7.16 其他管材防腐应符合设计要求。

8 盾构法

8.1 一般规定

8.1.1 采用盾构法施工隧道时，应根据隧道工程地质、水文地质、周边环境和隧道结构尺寸，经过技术、经济比较后确定盾构机类型。

8.1.2 盾构机选型与配置应遵循适用性、可靠性、耐久性、安全性的原则。

8.1.3 施工前应核对隧道沿线工程地质和水文地质资料。

8.1.4 管片生产企业应具有相应的资质。管片进场应有质量证明文件，并经验收合格后方可使用。

8.1.5 隧道内管线支架安装接口，宜在管片预制时采用预留、预埋。不宜在管片上钻孔安装临时设施。

8.1.6 需要降水或止水时，施工应符合本规程第 6 章的规定。

8.1.7 施工测量应符合本规程第 5 章的规定。

8.1.8 施工场地应满足工程所需的管片等预制构件堆放、渣土池、泥水处理系统、浆液站及场内、外运输的需要。

8.1.9 盾构法隧道施工还应符合现行国家标准《盾构法隧道施工及验收规范》GB 50446 的规定。

8.2 管片生产

Ⅰ 原材料

8.2.1 钢筋混凝土管片原材料应符合下列规定：

1 应具备产品质量证明文件，并应经复检合格。

2　混凝土骨料宜采用非碱活性骨料；当采用碱活性骨料时，混凝土中碱含量的限值应符合现行国家标准《混凝土结构设计规范》GB 50010 的规定。

3　预埋件规格和性能应符合设计要求。

8.2.2　钢管片的钢材、焊接材料、防腐涂料、稀释剂和固化剂等原材料的品种、规格和性能等应符合设计要求。

Ⅱ　钢筋混凝土管片模具

8.2.3　模具应具有足够的承载能力、刚度、稳定性和良好的密封性能，并应满足管片尺寸和形状等质量要求。

8.2.4　模具应便于安装、拆卸和使用。

8.2.5　模具验收应符合下列规定：

1　模具材料应满足质量要求，焊条材质应与被焊物的材质相适应。

2　模具安装后应进行初验，符合设计要求后可试生产，并应在试生产的管片中随机抽取 2 环进行水平拼装检验，合格后方可通过验收。

3　每套模具应有原始出厂数据。

4　每批模具宜配备检测工具。

8.2.6　当出现下列情况之一时，应对模具进行检验，检验结果应满足钢筋混凝土管片的质量控制要求：

1　模具每周转 500 次。

2　模具受到重击或严重碰撞。

3　钢筋混凝土管片几何尺寸不合格。

4　模具停用超过 3 个月，投入生产前。

8.2.7　合模与开模应符合下列规定：

1　合模前应清理模具各部位，内表面不应有杂物和浮锈。

2　模具内表面应均匀涂刷薄层脱模剂，模板夹角处不应漏涂，且应无积聚、流淌现象，钢筋骨架和预埋件严禁接触脱模剂。

3 螺栓孔预埋件、注浆孔预埋件以及其他预埋件和模具接触面应密封良好。

4 合模与开模应按使用说明书规定操作，并应保护模具和管片。

5 合模后应核对快速组装标记，模具接缝处不应漏浆。

8.2.8 管片出模强度应符合设计要求；当设计无要求时，应根据管片尺寸、混凝土强度设计等级、起吊方式和存放形式等因素综合确定。

Ⅲ 钢筋骨架

8.2.9 钢筋的品种、级别、规格和位置应符合设计要求。

8.2.10 钢筋加工应符合下列规定：

1 应按钢筋下料表进行钢筋切断或弯曲。

2 弧形钢筋加工时应防止平面翘曲，成型后表面不得有裂纹，并应验证成型尺寸。

3 当设计允许受力钢筋设置接头时，可采用对焊连接或机械连接，接头质量应符合现行行业标准《钢筋焊接及验收规程》JGJ 18 或《钢筋机械连接技术规程》JGJ 107 的规定。

4 钢筋加工允许偏差和检验方法应符合表 8.2.10 的规定。

表 8.2.10 钢筋加工允许偏差和检验方法

序号	检验项目	允许偏差(mm)	检验工具	检验数量
1	主筋和构造筋长度	±10	钢卷尺	每班同设备生产 15 环同类型钢骨架，应抽检不少于 5 根
2	主筋折弯点位置	±10		
3	箍筋外廓尺寸	±5		

8.2.11 钢筋骨架应符合下列规定：

1 当钢筋骨架连接时，应按钢筋下料表核对钢筋级别、规格、长度、根数及胎具型号。

2 焊接前应对焊接处进行检查，不应有水锈、油渍，焊接后不应有焊接缺陷。

3 当采用焊接连接时，应根据钢筋级别、直径及焊机性能进行试焊，并应在确定焊接参数后，方可批量施焊；焊接骨架的焊点设置应符合设计要求，当设计无规定时，宜采用对称跳点焊接。

4 同一钢筋骨架不得使用多于 2 根带有接头的纵向受力钢筋，且不得相邻布置。

5 钢筋骨架允许偏差和检验方法应符合表 8.2.11 的规定。

表 8.2.11 钢筋骨架允许偏差和检验方法

<table>
<tr><th>序号</th><th colspan="2">检验项目</th><th>允许偏差(mm)</th><th>检验工具</th><th>检验数量</th></tr>
<tr><td rowspan="3">1</td><td rowspan="3">钢筋骨架</td><td>长</td><td>±10</td><td rowspan="7">钢卷尺</td><td rowspan="7">按日生产量的 3%进行抽检，每日抽检数量不少于 3 件，且每件的每个检验项目检查 4 点</td></tr>
<tr><td>宽</td><td>±10</td></tr>
<tr><td>高</td><td>±5</td></tr>
<tr><td rowspan="2">2</td><td rowspan="2">主筋</td><td>间距</td><td>±5</td></tr>
<tr><td>层距</td><td>±5</td></tr>
<tr><td>3</td><td colspan="2">箍筋间距</td><td>±10</td></tr>
<tr><td>4</td><td colspan="2">分布筋间距</td><td>±5</td></tr>
</table>

8.2.12 钢筋骨架安装应符合下列规定：

1 骨架入模时不应对模具造成损坏，入模后骨架各部位的保护层应符合设计要求。

2 浇筑混凝土前，应进行钢筋隐蔽工程验收。

8.2.13 弧形钢筋和钢筋骨架存放时，不应发生变形。

Ⅳ 混凝土

8.2.14 混凝土的试验和评定应符合国家现行相关标准的规定。

8.2.15 混凝土配合比设计应符合下列规定：

1 混凝土坍落度不宜大于 120 mm。

2 混凝土中碱含量和氯离子含量应符合设计要求；当设计无

要求时，应符合现行国家标准《混凝土结构设计规范》GB 50010 的规定。

3 混凝土的各项性能应满足设计要求。

4 特种混凝土的配合比设计尚应满足国家现行相关标准的规定。

8.2.16 混凝土生产与浇筑应符合下列规定：

1 当混凝土生产时，应至少留置 1 组检验强度的试件和 1 组同条件养护试件；检验混凝土其他性能的试件的留置应符合现行国家标准《混凝土结构工程施工质量验收规范》GB 50204 的规定。

2 当混凝土浇筑时，不应扰动预埋件。

3 混凝土浇筑成型后，应在混凝土初凝前再次进行压面。

8.2.17 混凝土养护应符合下列规定：

1 混凝土浇筑成型后至开模前，应对混凝土进行保湿。

2 当采用蒸汽养护时，应经试验确定养护制度，并应监控和记录温度变化。

3 管片出模后应进行养护。

8.2.18 混凝土冬期施工应符合现行行业标准《建筑工程冬期施工规程》JGJ/T 104 的规定。

V 钢筋混凝土管片

8.2.19 应在钢筋混凝土管片内弧面角部和端侧面，标记管片型号与编号、模具编号、生产日期和生产单位名称。

8.2.20 钢筋混凝土管片质量应符合下列规定：

1 应按设计要求进行成品的结构性能检验，检验结果应符合设计要求。

2 混凝土强度等级和抗渗等级等性能应符合设计要求。

3 钢筋混凝土管片外观质量不应有严重缺陷；当出现一般缺陷时，应采取技术措施进行处理，管片外观质量缺陷等级划分应符合表 8.2.20-1 的规定。

表 8.2.20-1　钢筋混凝土管片外观质量缺陷等级划分

缺陷	缺陷描述	等级
露筋	管片内钢筋未被混凝土包裹而外露	严重缺陷
蜂窝	混凝土表面缺少水泥砂浆而形成石子外露	严重缺陷
空洞	混凝土内空穴深度和长度均超过保护层厚度	严重缺陷
夹渣	混凝土内夹有杂物且深度超过保护层厚度	严重缺陷
疏松	混凝土中局部不密实	严重缺陷
裂缝	可见的贯穿裂缝	严重缺陷
	长度方向延伸穿过密封槽，宽度大于 0.2 mm、深度大于 1 mm 的裂缝	严重缺陷
外表缺陷	密封槽部位在长度 50 mm 的范围内存在直径大于 5 mm、深度大于 5 mm 的气泡超过 5 个	严重缺陷
	管片孔洞周圈混凝土气泡、蜂窝沿孔周累计分布长度超过孔周长的 1/3	严重缺陷
预埋件缺陷	管片预埋注浆管堵塞、破损、松动	严重缺陷

4　钢筋混凝土管片几何尺寸和主筋保护层厚度允许偏差应符合表 8.2.20-2 的规定。

表 8.2.20-2　钢筋混凝土管片几何尺寸和主筋保护层厚度允许偏差

序号	项目	允许偏差(mm)
1	宽度	±1
2	弧长	±1
3	厚度	+3，−1
4	主筋保护层厚度	设计要求或−3～+5

5　钢筋混凝土管片水平拼装检验允许偏差应符合表 8.2.20-3 的规定。

表 8.2.20-3　钢筋混凝土管片水平拼装检验允许偏差

序号	项目	允许偏差(mm)
1	环向缝间隙	2
2	纵向缝间隙	2
3	成环后内径	±2
4	成环后外径	+6，−2

8.2.21　钢筋混凝土管片成品检验应符合下列规定：

1　应逐片检查外观质量，检查结果应符合本规程第 8.2.20 条第 4 款的规定。

2　每生产 15 环管片应抽检 1 环管片进行几何尺寸和主筋保护层厚度检验，检验结果应符合本规程表 8.2.20-2 的规定。

3　每生产 200 环管片应进行水平拼装检验 1 次，检验结果应符合本规程表 8.2.20-3 的规定。

Ⅵ　钢管片

8.2.22　钢管片制作应符合下列要求：

1　应按设计要求或制作说明制作。

2　钢管片材质应符合设计要求，钢管片背板应采用整块钢材，严禁拼接。

3　钢材弯曲矫正后，表面不应有明显的凹面或损伤，划痕深度不应大于 0.5 mm，且不得大于钢材厚度负允许偏差值的 1/2。

4　钢材焊接宜采用二氧化碳气体保护焊，并应符合现行行业标准《二氧化碳气体保护焊工艺规程》JB/T 9186 的规定，焊接时应控制变形。

5　钢管片外露表面的防腐处理和涂层加工应符合设计要求和现行国家标准《钢结构工程施工质量验收规范》GB 50205 的规定。

8.2.23 钢管片质量应符合下列规定：

1 钢管片的外观质量和尺寸偏差应符合现行行业标准《盾构隧道管片质量检测技术标准》CJJ/T 164 的有关规定。

2 钢管片外观应清洁，不得有裂缝、毛边或飞溅物。

3 钢管片的螺栓孔应畅通，内圆面应平整。

4 钢管片焊缝表面不应有焊接缺陷，焊缝和涂层质量检验应符合设计要求和现行国家标准《钢结构工程施工质量验收规范》GB 50205 的规定。

5 钢管片表面锈蚀应符合现行国家标准《涂覆涂料前钢材表面处理表面清洁度的目视评定　第1部分：未涂覆过的钢材表面和全面清除原有涂层后的钢材表面的锈蚀等级和处理等级》GB/T 8923.1 规定的 C 级及以上。

8.2.24 钢管片成品检验应符合下列规定：

1 应逐片检查外观质量。

2 每生产 15 环管片应抽检 1 环管片进行几何尺寸检验。

3 每生产 200 环管片应进行水平拼装检验 1 次。

4 检验结果应符合现行行业标准《盾构隧道管片质量检测技术标准》CJJ/T 104 的规定。

Ⅶ　管片贮存与运输

8.2.25 管片贮存场地应坚实平整。

8.2.26 管片可采用内弧面向上或单片侧立的方式码放，每层管片之间应设置垫木，码放高度应经计算确定。

8.2.27 在管片翻转、吊装和运输过程中，应采取防护措施。

8.3　盾构工作井

8.3.1 盾构工作井结构应满足盾构始发反力架所需的强度和刚度要求，尺寸应满足盾构组装、始发、接收或调头、平移和测量所需的空间。

8.3.2 盾构工作井的预留洞门直径、预埋件应满足盾构始发或接收要求;洞门圈、密封装置安装应符合设计文件要求。并应在验收合格后盾构机方可始发或接收。

8.3.3 盾构工作井内宜根据工程需要设置集水坑、集水槽、排水管、排渣管和抽水设备等,井口周围应设防淹墙和安全护栏。

8.3.4 盾构始发或接收前,洞口段地层土体加固或止水应完成。加固方法、范围应符合设计文件要求,并应对效果进行检验。

8.4 盾构组装与解体

8.4.1 盾构机制造完成后应在工厂进行整机总装调试,经工厂验收合格后方可进场组装。盾构机组装或拆除应编制专项施工方案。

8.4.2 在竖井内组装或拆除盾构机应符合下列规定:

1 吊车应满足盾构部件安全起吊要求。

2 吊装或拆除顺序应按照盾构机组装或拆除程序进行。

3 应满足最大部件吊运对地基承载力的要求。

4 吊装或拆除过程中应对设备采取保护措施。

5 盾构机刀盘盾尾拼装焊接过程应对精度及焊缝质量进行检测。

6 盾构机组装时对主要部位螺栓紧固力进行抽检。

8.4.3 盾构机在工作井内组装完成后,应进行各系统调试和整机空载调试,调试合格后方可始发。

8.4.4 盾构施工应进行 100 m～200 m 的试掘进,并应根据试掘进参数、运转情况进行试掘进验收。

8.5 盾构始发与接收

8.5.1 盾构始发和接收基座应符合下列规定:

1 基座的强度、刚度和稳定性应满足盾构始发受力要求。

2 始发基座应满足盾构机组装和始发作业要求。

3 基座应满足盾构机检修、解体、组装要求。

4 基座应固定牢靠，高程、平面位置应符合设计文件要求。

8.5.2 反力架应满足盾构始发受力要求。安装应牢固。

8.5.3 负环管片安装连接应紧密，支撑应牢固，管片环面应符合始发隧道设计文件要求。

8.5.4 盾构始发前应复核盾构机的位置和姿态，合格后方可始发。

8.5.5 盾构掘进距离接收井前 60 m～100 m 时，应对隧道轴线进行人工复核测量。

8.5.6 盾构始发应在洞门口破除围护结构，接收宜在盾构刀盘抵达围护结构停机后，方可破除洞门。

8.5.7 盾构始发或接收前应复查洞门圈、密封装置；始发或接收时应封闭洞口处管片壁后间隙，应做好应对涌水涌砂等风险的应急物资设备。

8.6 盾构掘进

8.6.1 盾构掘进应根据隧道工程地质和水文地质条件、隧道埋深、线路平面与坡度、周边环境、施工监测成果、盾构姿态以及试掘进阶段的掘进数据，确定和及时调整刀盘转速、掘进速度和仓内压力等参数。盾构掘进施工应严格控制排土量、盾构姿态和地表沉降。

8.6.2 盾构停止掘进时，应采取持续保压措施稳定开挖面，防止塌方。

8.6.3 盾构掘进过程中，应随时对盾构姿态及管片姿态进行量测，确保中线平面位置、高程、方位符合设计文件要求。发现较大偏移时，应及时纠偏，并应防止纠偏过量。

8.6.4 盾构掘进过程中遇到下列情况时，应及时分析原因并采取相应措施：

1 盾构掘进影响范围内地层发生坍塌或前方地层有障碍。

2 盾构本体滚动角达到或超过3°。

3 盾构轴线与隧道设计文件给定的轴线偏差过大。

4 盾构实际推力、刀盘扭矩与预控值相差较大。

5 管片开裂或错台超标。

6 壁后注浆系统发生故障。

7 盾构掘进扭矩发生异常波动。

8 动力系统、密封系统、控制系统等发生故障。

Ⅰ 土压平衡盾构掘进

8.6.5 开挖渣土应充满土仓，渣土形成的土仓压力应与刀盘开挖面外的水土压力平衡，并应使排土量与开挖土量相平衡。

8.6.6 应根据隧道工程地质和水文地质条件、埋深、线路平面与坡度、地表环境、施工监测结果、盾构姿态以及始发掘进阶段的经验，设定盾构刀盘转速、掘进速度和土仓压力等掘进参数。

8.6.7 掘进中应监测和记录盾构运转情况、掘进参数变化和排出渣土状况，并应及时分析反馈，调整掘进参数和控制盾构姿态。

8.6.8 应根据工程地质和水文地质条件，向刀盘前方及土仓注入添加剂，渣土应处于流塑状态。

Ⅱ 泥水平衡盾构掘进

8.6.9 泥浆压力与开挖面的水土压力应保持平衡，排出渣土量与开挖渣土量应保持平衡，并应根据掘进状况进行调整和控制。

8.6.10 应根据工程地质条件，经试验确定泥浆参数，应对泥浆性能进行检测，并实施泥浆动态管理，废浆的处理应满足环保要求。

8.6.11 应根据隧道工程地质与水文地质条件、隧道埋深、线路平面与坡度、地表环境、施工监测结果、盾构姿态和盾构始发掘进阶段的经验，设定盾构刀盘转速、掘进速度、泥水仓压力和送排泥水流量等掘进参数。

8.6.12 泥水管路延伸和更换，应在泥水管路完全卸压后进行。

8.6.13 泥水分离设备应满足地层粒径分离要求，处理能力应满足最大排渣量的要求，渣土的存放和运输应符合环境保护要求。

Ⅲ 开仓作业

8.6.14 宜预先确定开仓作业的地点和方法，并应进行相关准备工作。

8.6.15 开仓作业地点宜选择在工作井、地层较稳定或地面环境保护要求低的地段。

8.6.16 开仓作业前，应对开挖面稳定性进行判定。

8.6.17 当在不稳定地层开仓作业时，应采取地层加固或压气法等措施，确保开挖面稳定。

8.6.18 气压作业前，应完成下列准备工作：

1 应对带压开仓作业设备进行全面检查和试运行。

2 应配置备用电源和气源，保证不间断供气。

3 应制定专项方案与安全操作规定。

8.6.19 气压作业前，开挖仓内气压必须通过计算和试验确定。

8.6.20 气压作业应符合下列规定：

1 刀盘前方的地层、开挖仓、地层与盾构壳体间应满足气密性要求。

2 应按施工专项方案和安全操作规定作业。

3 应由专业技术人员对开挖面稳定状态和刀盘、刀具磨损状况进行检查。

4 作业期间应保持开挖面和开挖仓通风换气，通风换气应减小气压波动范围。

5 进仓人员作业时间应符合现行国家标准《空气潜水减压技术要求》GB/T 12521和现行行业标准《盾构法开仓及气压作业

技术规范》CJJ 217 的规定。

8.6.21 开仓作业应进行记录。

8.7 特殊地段掘进

8.7.1 下列盾构隧道地段为特殊地段：

1 浅覆土层地段。

2 小半径曲线地段。

3 大坡度地段。

4 建(构)筑物、地下管线地段。

5 地下障碍物地段。

6 小净距隧道地段。

7 水域地段。

8 不良地质条件地段。

9 存在有害气体地段。

8.7.2 特殊地段施工应符合下列规定；

1 应调查和分析影响盾构掘进范围内的特殊地质条件和环境条件，并应编制特殊地段盾构掘进专项施工方案。

2 掘进前应检修盾构设备。

3 应根据地层特征和施工环境，选取掘进模式和掘进参数，控制掘进影响范围内的地层变位、地表隆沉、地下管线与建(构)筑物变形。

4 根据特殊地段的地层特征、地下水情况、地层沉降指标、施工环境变形控制要求等因素，确定适宜的壁后注浆材料、压力与注浆量，并应根据监测结果进行调整。

5 应加密对影响范围内的地表、地下管线与建(构)筑物的监测频率，并应根据监测结果调整掘进参数。

8.7.3 特殊地段施工除应符合本规程第 8.7.2 条规定外，还应符合现行国家标准《盾构法隧道施工及验收规范》GB 50446 的规定。

8.8 管片拼装

8.8.1 管片拼装前应复查管片防水、密封材料的完好性，拼装过程中应采取保护措施。

8.8.2 管片拼装机应能满足拼装作业受力、安全、动作、行程、角度等方面的要求，管片拼装前应将上一管片环面清理干净。

8.8.3 管片拼装过程中，应根据盾构姿态、盾尾间隙、推进油缸行程、上一衬砌环的姿态、线路情况，按设计文件给定的管片位置和顺序逐块拼装成环。

8.8.4 管片拼装过程中，应根据拼装顺序分组回缩千斤顶，盾构机前仓内应保压。

8.8.5 管片拼装成环时，应检查衬砌环椭圆度和错台情况。连接螺栓应先逐片对称初步拧紧，脱出盾尾后应及时复紧管片螺栓。

8.8.6 盾构在既有隧道空推拼装管片时，导台设置应满足环缝拼接紧密要求。

8.9 壁后注浆

8.9.1 壁后注浆分为同步注浆和二次注浆，应根据工程地质、水文地质、地表沉降和周边环境变形指标选择注浆方式和注浆参数。

8.9.2 浆液的材料应根据工程地质、水文地质、地层沉降和周边环境变形指标等因素选用，其强度、流动性、凝结时间、收缩率、填充性、配合比应经现场试验确定。

8.9.3 注浆压力应根据浆液、覆土深度、地表沉降、周边环境、盾尾密封刷等情况确定。

8.9.4 富水地层壁后注浆，宜先分段注止水环，再注浆充填密实。

8.9.5 同步注浆和即时注浆的注浆量充填系数应根据地层条件、施工状态和环境要求确定，充填系数宜为1.30～2.50。

8.9.6 注浆前应对注浆孔、注浆管路和设备进行检查，注浆完成后应及时将管路、设备清洗干净。

8.9.7 二次注浆完成后根据设计要求对注浆孔进行封堵。

8.10 圆隧道内部结构

8.10.1 圆隧道内部结构分为装配式钢筋混凝土结构与现浇式混凝土结构，应根据设计要求进行施工。

8.10.2 圆隧道内部结构采用现浇式混凝土结构应符合本规程第 6.7 节的规定。

8.10.3 圆隧道内部结构采用装配式钢筋混凝土结构，预制钢筋混凝土构件应验收合格并按拼装顺序存放。

8.10.4 预制钢筋混凝土构件安装应符合拼装工艺标准，安装质量符合设计要求。

8.11 隧道内运输、通风、照明、给水

8.11.1 土压平衡盾构隧道内渣土运输一般采用有轨运输方式，泥水盾构渣土宜采用管道运输方式。

8.11.2 采用有轨运输作业时，线路铺设应符合下列规定：

1 钢轨重量不宜小于 24 kg/m，并宜选用较大型号的道岔。

2 轨枕铺设间距不应大于 0.7 m，轨枕长应为轨距加 0.6 m，上、下面应平整，道岔处应铺长轨枕。

3 平面曲线半径不应小于机动车长或车辆轨距的 7 倍。

4 道床应平整坚实，轨距允许偏差为－4 mm～＋6 mm，曲线应加宽和超高，必要时可设轨距杆；直线地段两轨水平，钢轨接头处应铺 2 根枕木并保持水平，配件齐全并连接牢固。

5 双线应保持两车间距小于 400 mm。

6 车辆距隧道壁、人行步道栏杆及隧道壁上的电缆不应小

于 20 mm；人行道宽度不应小于 700 mm。

7 井底车场和隧道内宜设双股道。如受条件限制设单股道时，错车线有效长度应满足最长列车运行要求。

8.11.3 有轨运输作业应符合下列规定：

1 斗车装料高度不宜高于车顶 400 mm，并不得超宽；平板车高度不宜大于 1 m，并应有可靠固定措施，宽度不宜大于 150 mm。

2 车辆不得超载，列车应连接可靠，并应有刹车装置。

3 两组列车同方向行驶时，其间距不应小于 60 m；采用人工推车辆时，不应小于 20 m。

4 轨道外堆料距钢轨外缘不应小于 500 mm，高度不应大于 1 m，并应堆码整齐。

5 车辆运行中不得摘挂钩作业。

6 机动列车在视线不良弯道和通过道岔或错车时，行车速度应大于 5 km/h，在其他地段不应大于 15 km/h；人工推车辆速度不应大于 6 km/h。

8.11.4 管道运输应符合现行国家标准《盾构法隧道施工及验收规范》GB 50446 的规定。

Ⅰ 供电和照明

8.11.5 隧道施工洞内应设双回路电源，并应有可靠切断装置。照明线路电压不得大于 36 V。

8.11.6 隧道内电缆线路布置与敷设应符合下列规定：

1 成洞地段固定电缆线路应采用绝缘线；施工工作面区段的临时电线宜采用橡套电缆；竖井及正洞处宜采用铠装电缆。

2 照明和动力电线(缆)安装在隧道同一侧时，应分层架设，电缆悬挂高度距地面不应小于 2 m。

3 36 V 变压器应设置于安全、干燥处，机壳应接地。

4 动力干线的每一支线应装设开关及保险装置，不得在动力线上架挂照明设施。

8.11.7 隧道施工范围内应有足够的照明，采用普通光源照明时，其施工照明度标准应符合表 8.11.7 的要求。隧道交叉处、工作面和设备集中处应设置安全照明。

表 8.11.7 施工照明度标准

施工作业地段	最小光照度(lx)
其他作业地段	30
运输通道	15
成洞地段	10

8.11.8 动力照明的配电箱应封闭严密，不得乱接电源，应设专人管理并应经常检查、维修和保养。

Ⅱ 供风和供水

8.11.9 空压机站输出的风压应满足同时工作的各种风动机具的最大额定风量；设置的位置宜在工作井地面附近，并应制定防水、降温、保温和消声措施。

8.11.10 高压风管及水管管径应经计算确定，安装应符合下列规定：

1 管材和闸阀安装前应检验合格并清洗干净。

2 管路安装应顺直，接头严密。

3 空压机站和供水总管处应设闸阀，干管每 100 m～200 m 设置分闸阀。

4 高压风管长度大于 1 000 m 时，应在管路最低处设油水分离器并定期放出管中的积水和积油。

5 管路宜安装在电缆线对面一侧，并不得妨碍交通和运输。

6 风、水管路使用中应有专人负责检查、养护。

7 严寒地区冬季隧道外水管应有保温防冻措施。

Ⅲ 通风防尘及防有害气体

8.11.11 隧道施工应采用机械通风。当主风机不能满足需要时，应设置局部通风系统，洞内辅助风机应安装在新鲜风流中。在条件允许情况下，可采取管道通风与巷道通风相结合的通风方式。

8.11.12 隧道内通风应满足各施工作业面需要的最大风量、风量，应按每人每分钟供应新鲜空气 3 m^3 计算，风速为 0.12 m/s～0.25 m/s。

8.11.13 通风管管径应经计算确定。风管安装与接续应符合下列规定：

1 管路应顺直，接头应严密；弯管半径不应小于风管直径的 3 倍。

2 压入式风管的风口距工作面的距离不宜大于 15 m，吸入式风管的风口距工作面的距离不宜大于 5 m。

3 混合式通风，两组管路接续交错距离为 20 m～30 m，吸出式风管出风口应置于主风流循环的回风流中。

8.11.14 通风机运转中，应采取消声措施。通风过程中，应定期测试风量、风速、风压；发现风管、风门破损、漏风，应及时更换或修理。

8.11.15 隧道凿岩应湿作业，装渣、放炮后应喷雾洒水净化粉尘；喷射混凝土时，应采取防尘措施并定期测定粉尘和有害气体的浓度。

8.11.16 隧道内施工环境应符合下列规定：

1 氧气含量按体积计不应小于 20%。

2 每立方米空气中含 10%以上游离二氧化硅粉尘不应超过 2 mg。

3 一氧化碳含量不应大于 30 mg/m^3；二氧化碳按体积计不应大于 5‰；氮氧化物（换算成 NO_2）含量不应大于 5 mg/m^3。

4 气温不应超过 32 ℃。

5 噪声不应大于 90 dB。

9　联络通道

9.1　一般规定

9.1.1　本章节适用于上海市域铁路建设中采用冻结法的联络通道施工。

9.1.2　在联络通道地层冻结设计和掘砌施工中，应因地制宜、因时制宜、合理设计、精心施工、严格监控。在地层冻结设计时，应综合考虑工程特征、周边环境和工程地质条件及水文地质条件，选择合理的冻结壁结构和冻结工艺。在联络通道掘砌施工中，应做到地层冻结与掘砌的协调配合，确保施工安全。

9.1.3　采用冻结法施工的盾构进出洞加固、建筑基坑围护、隧道地基土加固和其他隧道联络通道施工等工程，可根据工程的特征和工程地质及水文地质条件，参考应用本章节内容。

9.1.4　机械化施工联络通道施工技术尚未完全成熟，6 m 级地铁区间隧道与 9 m 级市域铁路区间隧道间的联络通道工程建造条件有较大差异，故本规程暂不编入机械化施工的相关内容。今后，在市域铁路建设中如果设计中有机械化建造联络通道的相关内容，可进一步按设计要求、相关技术标准等增加这一部分内容，以期更加有针对性地指导工程实践。

9.2　冻结法

Ⅰ　冻结孔

9.2.1　冻结孔的开孔位置、偏斜值、成孔间距及深度应符合设计要求。

9.2.2 应根据隧道的允许空间搭设冻结孔施工平台，平台应牢固平整，并应符合有关技术规程的规定。冻结孔施工平台搭设应有利于冻结孔成孔设备移位和固定。

9.2.3 冻结孔成孔方法可选用跟管钻进法、夯管法和顶管法等施工方法。在地层沉降控制要求高的地层中应用钻进法时，宜实施干钻钻进。

9.2.4 在隧道管片上施工冻结孔时，应先安装带法兰和旁通的孔口管。孔口管宜采用低碳钢无缝钢管，孔口管内径宜大于冻结管外径 10 mm～20 mm，管壁厚度宜为 5 mm～7 mm。安装在混凝土管片上的孔口管管端应加工长度不小于 200 mm 的鱼鳞扣。

9.2.5 在钢管片上应采用焊接方法固定孔口管，焊缝高度不得小于孔口管管壁厚度。

9.2.6 冻结孔开孔位置误差不得大于冻结孔允许最大偏斜值，并不宜大于 100 mm。冻结孔开孔间距误差不得大于 150 mm。孔口必须避开隧道管片接缝，并宜避开混凝土管片主筋和钢管片肋板。

9.2.7 用经纬仪和罗盘确定开孔倾角和方位角，经纬仪和罗盘在开工前和施工过程中必须进行检验校核，确保其精度。

9.2.8 应在孔口管上安装阀门和孔口密封装置后再用钻机钻透隧道管片(二次开孔)。

9.2.9 跟管钻进或夯(顶)进冻结管时，孔口密封装置与冻结管之间不得漏水漏泥。如采用湿钻钻进，循环液应从孔口管上的旁通排出，并应控制排出土体体积不大于冻结孔体积。

9.2.10 用钻进法施工冻结孔时，在黏土或淤泥等不透水地层中可采用清水钻进；在流砂或粉土层中应采用泥浆钻进，并根据地层情况调整泥浆成分、配比，防止钻孔塌孔引起地层沉降。

9.2.11 在施工冻结孔时，如排出土体体积大于冻结孔体积，应立即用水泥浆或水泥-水玻璃双液浆进行注浆补偿。

9.2.12 冻结孔施工过程中应及时测斜。对于深度小于 20 m 的冻结孔，可采用经纬仪灯光测斜；对于深度大于 20 m 的冻结孔，应采用水平陀螺测斜仪等方法测斜。对于深度小于 20 m 的冻结孔，可在成孔后再进行测斜；对于深度大于 20 m 的冻结孔，在施工时应每隔 10 m～15 m 测斜 1 次。

9.2.13 施工冻结孔时，可采用以下防偏措施：

1 根据实际开孔误差调整冻结孔施工方位，以减小冻结孔的最大偏斜值。

2 间隔施工冻结孔，必要时通过调整中间冻结孔的施工轨迹，减小冻结孔最大成孔间距，使冻结孔间隔均匀。

3 准确定出开孔孔位、方向，并在隧道两帮布点，采用拉线方法校验、控制冻结孔方向。

4 先施工穿透联络通道两端隧道的透孔，验证隧道管片上预留洞门的相对位置。当两预留洞门相对位置偏差大于 100 mm 时，应修正冻结孔设计方位。

5 在施工第一个冻结孔时，检查地质、水文情况，根据施工情况优化冻结孔施工工艺参数。

6 确保冻结管加工质量，先配管确认冻结管连接顺直后再用于施工。

7 在开始钻进或下入冻结管时，应反复检查钻杆或冻结管的方位与倾角，确保孔口段冻结管方位满足设计要求。

8 对于深度较大的冻结孔，开孔段预设 0.5°～1°的上仰角。

9 其他防偏、纠偏专用技术。

9.2.14 可采取在冻结孔成孔间距超限的两冻结孔中间增加布置冻结孔的方法，使冻结孔成孔间距满足设计要求。

9.2.15 冻结孔成孔后根据测斜数据绘制喇叭口、集水井等关键部位的冻结孔成孔偏斜图。

9.2.16 应在全部冻结孔验收合格后拆除钻机。

Ⅱ 冻结管

9.2.17 冻结管材质和规格确定应符合相关规定，不得采用焊接钢管。当采用跟管钻进时，冻结管管壁厚度不宜小于 8 mm；采用夯管时，冻结管管壁厚度不宜小于 6 mm；管壁厚度不宜大于 10 mm。

9.2.18 冻结管接头可采用螺纹连接和加内衬管对焊连接。冻结管接头强度不宜小于母管强度的 60%。跟管钻进时，冻结管连接宜采用螺纹接头并用焊接补强、密封接头缝；夯管时，冻结管宜采用带衬杆的对焊接头。

9.2.19 当需要拔管或预计冻结壁变形大、有可能引起冻结管断裂时，冻结管接头强度应不小于母管强度的 80%，并宜采用加内衬管的对焊接头。

9.2.20 冻结管材及接头内衬管的材质应一致，管端应留坡口，选用焊条应与管材材质相匹配，焊缝应饱满且与管壁齐平。冻结管焊接后，焊缝应冷却 5 min～10 min 后下入地层。

9.2.21 冻结管管材及连接应顺直，不得有明显弯曲。

9.2.22 冻结管下入地层深度不得小于设计深度，每节冻结管材应有长度及顺序编号记录。冻结管管口露出孔口管不应小于 100 mm。

9.2.23 严禁冻结管内有任何杂物。

9.2.24 冻结管下入地层后必须进行试压。试验压力应为冻结工作面盐水压力的 1.5 倍～2 倍。经试压 30 min 压力下降不超过 0.05 MPa，再延续 15 min 压力保持不变为合格。

9.2.25 冻结管周围不得漏水漏泥，否则应采用注浆方法封堵。

9.2.26 漏管处理应符合下列规定：

1 试压不合格的冻结管必须进行处理，只有达到密封要求后方可使用。无法处理时，应补孔。

2 对于向下倾斜的冻结管漏管，可以在漏管中下入小直径冻结管，并在小直径冻结管外侧充满清水或泥浆。小直径冻结管的内径不应小于 48 mm，下小直径冻结管的冻结孔不得相邻，下小直径冻结管的冻结孔数不得多于冻结孔总数的 5%。小直径冻结管的下放深度和耐压必须符合设计要求。

3 水平或向上倾斜的冻结管漏管不得采用下小直径冻结管的方法处理。

Ⅲ 供液管

9.2.27 供液管可采用聚乙烯增强塑料管或钢管。供液管的直径与壁厚可按表 9.2.27 采用，供液管内和供液管与冻结管间隙的盐水流动速度宜满足上海市工程建设规范《联络通道冻结法技术规程》DG/TJ 08—902—2016 中第 4.3.4 条第 1 款的要求。

表 9.2.27 供液管的管径与壁厚

供液管品种	外径(mm)	壁厚(mm)
焊接钢管	≥38	3～4
聚乙烯增强塑料管	≥40	≥5

9.2.28 供液管下入冻结管时，连接应牢固、严密，并应下放到冻结管管底。供液管管端应留有断面不小于供液管断面积的回水通道。

Ⅳ 冻结站设置、安装、运转与停冻

9.2.29 冻结站位置可选择在市域铁路车站地面广场、车站地下平台或冻结工作面附近的隧道内。

9.2.30 冻结站厂房防火应符合现行国家标准《建筑设计防火规范》GBJ 16 的规定。

9.2.31 冻结站应通风良好，采用冷却塔散热时，冷却站要加强通风排热，必要时可安装轴流风机强制通风。

9.2.32 冻结站设在地面时，制冷系统的高压部分应避免阳光直晒。

9.2.33 冻结站制冷设备、盐水泵、冷却水泵及管路系统的安装，

执行现行国家标准《制冷设备、空气分离器安装工程施工及验收规范》GB 50274、《机械设备安装工程施工及验收通用规范》GB 50231 及《工业金属管道工程施工及验收规范》GB 50235 中的有关规定。配电系统安装及调试执行现行国家标准《电气装置安装工程盘柜及二次线施工验收规范》GBJ 50171 的规定。

9.2.34 冻结站采用的设备、压力容器及管道阀门必须清洗干净并经压力试验合格。浮球阀、液面指示器、安全阀等安装前应进行灵敏性试验。

9.2.35 在冷却水源水质不符合冷凝器等设备的使用要求时，应安设冷却水水质处理装置，提高冷却效率。

9.2.36 冻结站盐水系统的管路应采用低碳无缝钢管，弯头、法兰盘应采用耐低温的碳素钢制作。

9.2.37 冻结器宜采用串、并联方式分组与配、集液圈连接，每组串联冻结器长度宜适中并基本一致，以保证各冻结器盐水流量均匀并满足设计要求。冻结器与配、集液圈之间宜用软管连接，软管在工况温度下耐压不应低于 1 MPa。在冻结器与配、集液圈之间的连接管路上应安装控制阀门和温度测点，管路连接应便于安装流量计检测单孔盐水流量。

9.2.38 盐水循环系统最高部位处应设置排气阀，盐水箱应安设盐水液面可视自动报警装置，干管上及位于配液管首尾冻结器的供液或回液管上，应设置流量计。

9.2.39 管路上的测温孔插座位置、尺寸及角度应符合有关规范和设计要求。

9.2.40 冷冻站制冷剂循环系统、盐水干管、配集液管的密封性试验，应按下列规定进行：

1 盐水管路系统必须进行压力试验，试验压力不得小于冻结工作面盐水压力的 1.5 倍，并持续 15 min，压力不下降为合格。

2 冷冻站机充制冷剂前，制冷系统各部位必须进行试漏检验，并应符合表 9.2.40 的规定或设备说明书的要求。

表 9.2.40　试漏压力

部位	高压系统	低压系统
试验表压力(MPa)	1.6～1.8	1.2

9.2.41　冻结站管路密封性试验合格后，对制冷系统的低压、中压容器、管路及盐水箱、盐水干管、配集液管等必须按设计要求铺设保温层和防潮层，并对制冷系统按统一规定的颜色刷漆。

9.2.42　冷冻站正式运转前，应对冷却水、冷媒剂及制冷剂系统进行试运转，各系统应达到设计要求。

1　冷却水系统：补充水量、水温及水质应达到设计要求，循环水系统运转正常。

2　盐水系统：盐水浓度及总流量应达到设计要求，循环系统正常运转，空气放净，无杂物堵塞。

3　冷却水、盐水系统试运转后可充制冷剂。在正式充制冷剂前应进行试充，系统压力应控制在 0.2 MPa～0.3 MPa，用专用仪器检漏，合格后方可正式充制冷剂。制冷剂充量应达到设计要求。

9.2.43　冷冻站正式运转应具备如下条件：

1　在充制冷剂过程中，制冷剂、盐水、冷却水系统应运转正常，盐水温度逐渐下降。

2　配电系统应能连续正常供电，应配备备用电源。

3　冷冻站内灭火器材、防毒面具、防雷装置、电气接地等安全设施应齐全。

4　冷冻机易损件、仪表和冷冻机油均应有足够备用。

9.2.44　冷冻站正常运转应符合下列条件：

1　制冷剂、盐水、冷却水循环系统温度、流量、压力应正常，经过 3 d～7 d 盐水温度应逐渐下降并达到设计要求，各冻结器回液温度正常、基本一致，头部、胶管结霜均匀。

2　制冷剂冷凝压力和蒸发压力应与冷却水温度、盐水温度相对应。

3 冷媒温度比制冷剂蒸发温度应高 5 ℃～7 ℃，冷凝温度应高于冷却水出水温度 3 ℃～5 ℃。

4 冷却水进出水温差宜为 3 ℃～5 ℃。

5 盐水去回路温差：积极冻结期宜为 1 ℃～4 ℃，开挖期间不宜大于 2 ℃。

9.2.45 冷冻站应有运转日志，其应包括下列内容：

1 冷冻机及其辅助设备中的温度、压力、流量、液位、电流、电压等的班记录，运转日志，每次制冷剂充量及冷冻润滑油加油量的记录。

2 冷媒泵班运转日志，冷媒泵压力、流量、冷媒箱水位及温度的班记录。

3 配集液管冷媒温度、冻结器头部冷媒温度以及冻结器头部胶管结霜情况的班记录。

4 补充水及循环水水泵班运转日志，补充水的流量及水温、冷凝器进出水温度及流量的班记录。

9.2.46 在开挖期间不得停止或减少冻结孔供冷。如因施工需要停止个别冻结孔供冷时，应分析对冻结壁整体稳定性的影响，并制订相应技术措施，确保开挖与联络通道结构施工安全。

9.2.47 如在积极冻结期间发生短暂停冻，应按停冻时间的 2 倍相应延长积极冻结时间。

9.2.48 联络通道主体结构施工结束后可停止冻结，拆除制冷设备和管路。

Ⅴ 测温孔布置与检测

9.2.49 在与联络通道相接的隧道内均应设置测温孔监测冻结壁厚度、冻结壁平均温度、冻结壁与隧道管片界面温度和开挖区附近地层冻结情况。

9.2.50 测温孔宜布置在冻结孔间距较大的冻结壁界面上或预计冻结薄弱处。

9.2.51 检测冻结壁厚度的测温孔不得少于 2 个，在冻结壁内、外设计边界上均应布置测温孔，测温孔深度应不小于 2 m。检测冻结壁平均温度的测温孔不宜少于 4 个，在冻结壁内、外设计边界和冻结壁中部均应布置测温孔。在冻结壁的上、下设计边界上均应布置 1 个以上测温孔，深度应不小于 2 m。在集水井中部应布置 1 个以上测温孔，深度应与附近的冻结孔深度一致。检测冻结壁与隧道管片界面温度的测温孔深度应进入地层不小于 0.1 m。

9.2.52 测温孔内应安装测温管，测温管宜采用具有良好导热性的钢管，且不得渗漏。测温管规格以能安装测点为宜。

9.2.53 测点布置应遵循以下原则：

1 测点的布置应满足判断冻结壁形成质量的要求。

2 在冻结壁最薄弱的部位应有测点。

3 在测定冻结壁与隧道管片界面温度时，应在界面里外两侧各布置 1 个测温点，通过插值方法确定界面处温度。

4 测点布置应能满足冻结、开挖构筑及融沉注浆施工的其他要求。

9.2.54 温度测量精度应达到±0.5 ℃，测温元件和仪器应经过标定。

9.2.55 测温管内安装测温电缆和测温元件后，管口应进行密封和保护，防止测温元件及电缆被移位、损坏。

9.2.56 在开始冻结前应测量原始地温。从开始冻结至试挖，所有测点温度应每隔 12 h～24 h 观测 1 次以上；在开挖和结构施工期间，所有测点应每隔 4 h～12 h 观测 1 次以上；停冻后至冻结壁全部融化期间宜每隔 1 d～3 d 测量 1 次，监测点可以适当减少。冻结壁全部化冻后可停止温度监测。

9.2.57 在冻结壁解冻期间，可在联络通道内布置测温孔检测冻结壁温度回升和解冻情况。

9.2.58 所有温度检测应有原始记录，并有观测者签字。应根据温度检测结果定期分析冻结壁的形成状况，评价冻结壁形成的质量与安全性。

Ⅵ 泄压孔及其他检测工作

9.2.59 在与联络通道相接的隧道管片上均必须布置 2 个以上泄压孔。

9.2.60 泄压孔应布置在开挖区非冻土内，泄压孔应贯通开挖区内的透水地层，并宜深入地层 0.3 m 以上。

9.2.61 泄压孔孔径不宜小于 38 mm。泄压孔孔口应按安装压力表和用于泄水的旁通管和控制阀门。压力表的精度应达到±0.2 MPa 以上。

9.2.62 在冻结站运转前，必须检测地层初始水压，并与泄压孔附近地层水文勘察资料比较，发现异常必须查明原因并及时进行处理，确保泄压孔畅通。

9.2.63 冻结站运转前期，应每隔 12 h～24 h 观测 1 次地层水压。水压开始上涨后，应每隔 6 h～12 h 测量 1 次以上。所有观测应有原始记录，并有当事人签字。

9.2.64 泄压孔水压上涨超过初始压力 0.2 MPa 时应放水泄压，如泄压孔中有水成线流持续流出，应立即关闭阀门，并继续观测。

9.2.65 对冻结器供冷发生异常或冻结效果难以确定的部位，应打探孔检测冻结壁温度或检测开挖区内土体的稳定情况。

9.2.66 在开挖过程中，应检测开挖面四周的冻结壁温度、冻土进入开挖面厚度和冻结壁的收敛情况，检测频率宜为每个掘砌循环 1 次。

Ⅶ 冻结站拆除

9.2.67 冷冻站拆除时，宜回收盐水，严禁任意排放污染环境。

9.2.68 拆除设备、管路应有技术措施，设备、容器应清洗、防腐后入库。

Ⅷ 冻结管充填

9.2.69 停冻后应尽快割除隧道管片上的孔口管和冻结管，防止孔口管和冻结管周围冻结壁解冻漏水。混凝土隧道管片上割除孔口管或冻结管深度应进入管片不小于 60 mm。

9.2.70 应对遗弃在地层中的冻结管进行充填。充填时，应排除冻结管内盐水。

9.2.71 充填冻结管材料应采用 M10 以上水泥砂浆或 C15 以上混凝土，充填冻结管长度应不小于管口以内 1.5 m。

9.2.72 混凝土管片上割除孔口管或冻结管后留下的孔口应用速凝堵漏剂封堵，并预埋注浆管进行注浆堵漏。

9.2.73 钢管片上的孔口应焊接厚度不小于 12 mm 钢板，然后按设计用混凝土填满钢管片格仓。

9.2.74 冻结管充填和封孔应有原始记录。

9.3 开挖与构筑

Ⅰ 隧道支撑和防护门

9.3.1 在联络通道开挖时，应按联络通道结构设计要求安装隧道支撑。在联络通道结构设计无明确规定时，可以按以下要求设计和安装隧道支撑：

1 隧道内每个联络通道预留口设 2 榀隧道支撑，分别安装在洞口两侧的第一条隧道管片环缝处。

2 每榀隧道支撑设 7 个～8 个支撑点，均匀地支撑隧道管片上，每个支撑点能提供最大到 500 kN 的支撑力。

3 支撑上半部的 4 个～5 个支撑点上安装最大顶力 500 kN 的千斤顶，以调整支撑力。

4 隧道支撑框架用型钢制作，应满足有关钢结构设计规范要求。

5 隧道支撑安装偏差隧道管片环缝处截面不宜大于 20 mm。

6 安装好隧道支撑后顶实千斤顶，每个千斤顶的顶力不得大于 100 kN，且各个千斤顶的顶力要基本均匀。

7 根据实测隧道收敛变形调整各个千斤顶的顶力，收敛大的部位要求千斤顶力大，不收敛的部位千斤顶不加力。隧道收敛达到报警值 10 mm 时，千斤顶顶力达到设计最大值 500 kN。

8 如千斤顶顶力达到设计最大值后隧道仍继续收敛，则应采取其他措施加强隧道支撑。

9.3.2 在施工范围内有透水的砂性土层时，应在开挖侧通道预留洞口上安装应急防护门。防护门设计、安装与使用应符合以下要求：

1 防护门应能灵活开关，关闭后应能承受安装位置的地下水压，有效阻止联络通道内水、土流出，开启后不得影响正常的开挖和结构施工。

2 在防护门上应安设压风管、排水管、注浆管及控制阀门，并配备风量不小于 6 m^3/min 的空压机为防护门内供气。

3 防护门可安装在通道预留洞口隧道钢管片上。防护门结构设计和安装应符合相关规范的规定。

4 安装好防护门后应进行气密性试验，要求在不停空压机时试验气压能保持在设计值。

5 防护门开关应便于人工操作，紧固螺栓、风管及连接件、扳手等配件及操作工具应准备到位。

6 当联络通道开挖时发生透水、冒砂事故时，应立即关闭防护门，并向防护门内压气，使防护门内气压维持在设计压力。

7 通道挖通并施工初期支护后即可拆除防护门。

9.3.3 在集水井位置有透水的砂性土层时，应设集水井井口防护门(或盖板)。开挖集水井时如发生透水冒砂事故，应立即关上防护门，并向集水井内压气或注入聚氨酯等注浆充填材料。防护门应能承受所在深度的地下水压。

Ⅱ 开挖准备及试挖

9.3.4 试挖前应具备下列资料：

1 地层检查孔报告及地层剖面图。

2　冻结壁形成检测分析报告，内容应包括冻结孔和测温孔的施工资料，冻结站运行情况，干管盐水温度变化，冻结器盐水流量，测温孔温度变化，泄压孔水压变化及泄水情况，实测冻结壁厚度、平均温度和冻结壁与隧道管片交界面温度，以及根据测温结果绘制的重要部位的冻结壁剖面图等施工记录、图表与分析结论。

3　联络通道结构施工图。

4　经审批的施工组织设计、安全技术措施及应急预案。

9.3.5　试挖前应完成以下施工准备工作：

1　按设计要求安装隧道支撑和防护门。

2　搭设开挖和构筑施工平台。

3　施工材料与施工机具准备就绪。

4　水、电供应能满足施工需要。

5　按应急预案准备好应急材料与设备。

6　周边环境监测监护实施到位。

7　地面设开挖工作面的视频监测系统，并具备与冻结和开挖工作面可靠通信的联络系统。

9.3.6　具备以下条件时可以进行试挖：

1　冻结壁形成质量检验合格。

2　积极冻结时间、盐水温度、盐水流量等冻结运转参数达到设计值，检查冷冻机等机电设备及电源完好，冻结系统运转正常。

3　本章第9.3.4条所列的全部资料齐全。

4　本章第9.3.5条所列的全部开挖施工准备工作就绪。

5　编制试挖报告并经上级主管部门和监理等批复确认。

9.3.7　在未冻结的开挖区中部开一试挖窗口，窗口尺寸不宜大于400 mm×400 mm，开窗要逐步扩大。用锹、风镐等从试挖窗口挖深400 mm～600 mm，检查土体含水及稳定情况。若土体干燥、能自立或者挖深至800 mm～1 000 mm无泥水流出时间持续24 h以上，则可判定具备正式开挖条件；否则，应回填、封闭试挖窗口，继续积极冻结，直至下次试挖满足上述要求为止。

Ⅲ　正式开挖

9.3.8　经试挖判定具备开挖条件后可进行正式开挖。

9.3.9　联络通道开挖应采取短段掘砌的作业方法，随挖随支，严格控制冻结壁温度升高和变形。

9.3.10　宜采用以下施工顺序：

1　在施工完通道衬砌后再施工集水井。

2　通道施工顺序：开挖侧开洞门→通道开挖和初期支护→喇叭口开挖(刷大)和初期支护→隧道钢管片拆除→外防水施工→钢筋绑扎、预埋件安设和立模→混凝土浇筑。

3　集水井施工顺序：开挖和初期支护→外防水施工→钢筋绑扎，预埋件安设和立模→混凝土浇筑。

4　施工完集水井衬砌后施工井盖和防火门门框，根据联络通道结构设计要求施工内防水或抹面。

5　应在施工完初期支护后、施工外防水或衬砌之前再割除开挖区内的冻结管，但施工喷射混凝土时可暂停给受影响位置的冻结管供冷 12 h～24 h。

9.3.11　开挖与支护施工参数应符合下列规定：

1　初期支护可采用由喷射混凝土、型钢支架、木背板和砂浆充填层组成的结构形式(图 9.3.11)。

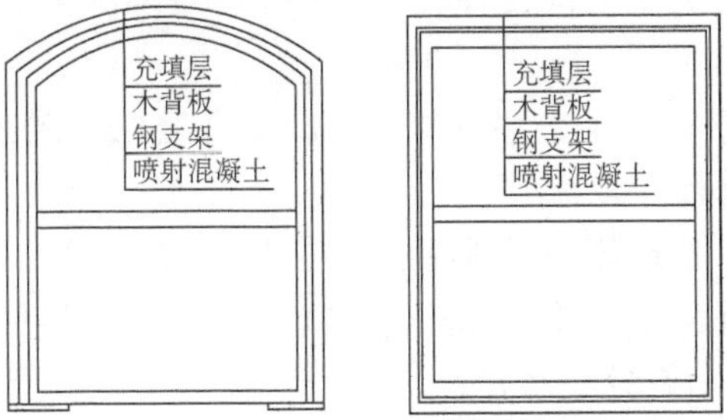

(a) 通道　　　　(b) 集水井

图 9.3.11　初期支护形式

2 初期支护钢支架可采用18号～22号工字钢等型钢制作，钢支架内侧净尺寸宜按联络通道结构轮廓外放20 mm～30 mm计算；喷射混凝土强度设计等级宜采用C15～C20，厚度与钢支架型钢高度一致；木背板厚度可取30 mm～50 mm；充填层可采用中粗砂或水泥砂浆，厚度以3 mm为宜。

3 初期支护的承载力应经过计算。初期支护应能承受25％～50％以上的冻结壁荷载。在以下情况下，初期支护宜按承受全部冻结壁荷载设计：

1）通道位置有砂土层。

2）通道长度大于15 m或通道开挖时间需要15 d以上。

3）通道开挖区附近3 m内有特殊变形控制要求的重要建(构)筑物。

初期支护的承载力计算方法应符合有关结构设计规范的规定。

4 可采取全断面开挖方式，开挖面土体难以自立时可以放坡。

5 掘进段长宜取500 mm～800 mm，并宜与初期支护的钢支架间距一致。

Ⅳ 结构施工

9.3.12 联络通道结构及防水层应严格按照设计和有关施工规范施工。

9.3.13 应根据施工工序安排和混凝土需要二次倒运的情况，确定混凝土初凝时间。

9.3.14 应采取措施确保通道拱部混凝土浇筑密实。

9.3.15 应在浇筑完通道段衬砌混凝土且混凝土强度达到设计值的60％以上后开挖集水井。

9.3.16 应考虑环境温度较低可能对混凝土强度增长的影响。

Ⅴ 衬砌后充填注浆和地层融沉注浆

9.3.17 停止冻结并完成冻结孔封孔工序后应进行衬砌后充填注浆和地层融沉补偿注浆。

9.3.18 注浆孔宜在联络通道结构施工时预埋。注浆管预埋深度以穿透结构层为宜，布孔密度以 1.5 m^2/个～2.5 m^2/个为宜。

9.3.19 停止冻结后 3 d～7 d 内进行衬砌后充填注浆。注浆时，衬砌混凝土强度应达到设计强度的 60%以上。

9.3.20 衬砌后充填注浆可采用配合比 1∶0.8～1∶1 单液水泥浆。注入水泥浆前应先注清水，检查各注浆孔之间衬砌后间隙是否畅通。注浆宜按由下而上的顺序进行，当上一层注浆孔连续返浆后即可停止下一层注浆，直至注到拱顶结束。集水井部位注浆压力不得大于 0.1 MPa，通道部位注浆压力不得大于静水压力。

9.3.21 充填注浆结束后，根据地层沉浆监测情况进行冻结壁融沉补偿注浆。融沉补偿注浆应遵循少量、多次、均匀的原则。

9.3.22 融沉补偿注浆浆液宜以水泥-水玻璃双液浆为主，单液水泥浆为辅。水泥-水玻璃双液浆配比可为：水泥浆与水玻璃溶液体积比 1∶1，其中水泥浆水灰比 1∶1，水玻璃溶液可采用 B35～B40 水玻璃加 1 倍～2 倍体积的水稀释。注浆压力不得大于 0.5 MPa 或联络通道结构设计要求的允许值。注浆范围为整个冻结区域。

9.3.23 一天地层沉降大于 0.5 mm，或累计地层沉降大于 3 mm 时，应进行融沉补偿注浆；地层隆起达到 3 mm 时，应暂停注浆。

9.3.24 冻结壁已全部融化，且实测地层沉降持续 1 个月每半月不大于 0.5 mm，可停止融沉补偿注浆。

9.3.25 融沉补偿注浆时，可对冻结壁进行强制解冻。强制解冻宜分区、对称进行，并在解冻的同时进行跟踪注浆。强制解冻时，应加强对周围环境的监控，并应布置专用测温孔检测冻结壁解冻范围。

9.3.26 强制解冻宜采用在冻结器中循环热水的方式。热水温度宜控制在 30 ℃～70 ℃，加热盐水的电加热器功率不宜小于冷冻机电机功率。

10 防 水

10.1 一般规定

10.1.1 防水施工应以设计文件为施工依据。

10.1.2 防水层应在基层面或主体结构检验合格后方可施工。

10.1.3 防水混凝土应采用预拌混凝土，混凝土运输搅拌车运送、机械振捣；拼装式预制构件设计涂料防水、防腐层时，宜在预制厂内完成。

10.1.4 防水采用的原材料、制品、配件应符合现行国家标准《地下工程防水技术规范》GB 50108 的规定，进场保管不应被太阳直晒、雨淋或受潮。

10.1.5 防水层的施工环境温度应符合设计文件的要求，不应在雨、雪天及四级风以上的天气中露天作业。

10.1.6 多组分产品配制好的成品应在产品规定的时间内使用完毕。

10.1.7 结构变形缝、施工缝、穿墙管、不同工法间接口、附属与主体预留接口等特殊部位防水的加强措施应符合设计文件要求。

10.1.8 防水保护层施工应符合下列规定：

1 应在防水层验收合格后及时施工。

2 施工不应损坏防水层结构；外防外贴法铺设的侧墙防水层的保护层采用砌块砌筑时，应边砌边用砂浆填实。

3 砂浆或细石混凝土保护层终凝后应及时养护。

10.1.9 后续工序施工不得对防水层和防水层保护层造成破坏。

10.2 防水混凝土

Ⅰ 原材料及配比

10.2.1 水泥除应符合现行国家标准《通用硅酸盐水泥》GB 175的要求外，尚应符合下列规定：

1 水泥比表面积宜小于 350 m^2/kg；含碱量（Na_2O）不应大于 3 kg/m^3。

2 在受侵蚀介质作用时，应按介质的性质选用相应的水泥品种。

3 不应使用有结块的水泥；不同品牌和强度等级的水泥不应混用；水泥存储不宜超过 3 个月，对存储超过 3 个月的水泥，应重新进行检验。

4 不应使用含氯化物的水泥。

10.2.2 骨料除应符合现行国家标准《建设用卵石、碎石》GB/T 14685和现行行业标准《普通混凝土用砂、石质量及检验方法标准》JGJ 52 的要求外，尚应符合下列规定：

1 应选用级配合理、粒形良好、质地坚固的洁净碎石。

2 应采用二级或多级级配粗骨料，粗骨料的堆积密度宜大于 1 500 kg/m^3，紧密密度的空隙率宜小于 40%；泵送时其最大粒径不应大于输送管径的 1/4；吸水率不应大于 1.5%；不应使用碱活性骨料。

3 骨料中不应混入烧结物等影响混凝土性能的有害物质，且不应混入粉煤灰、水泥和外加刘等粉状材料；冬期施工时不应含有冰、雪。

4 骨料应避免直接露天堆放、暴晒，料仓应设棚罩；高温季节，骨料温度不应高于 28 ℃。

5 砂宜选用坚硬、抗风化性强、洁净的中粗砂。不应单独使用细砂和特细砂；禁止使用海砂；砂的含泥量不应大于 3%。

10.2.3 水应使用无侵蚀性洁净水，并应符合现行行业标准《混凝土用水标准》JGJ 63 的规定。

10.2.4 外加剂应符合下列规定：

1 外加剂应严格控制氯离子含量；根据需要掺入引气剂、减水剂、防冻剂、抗裂密实剂等，掺加量应根据试验确定。

2 采用聚羧酸系高性能减水剂时，现浇混凝土应根据不同季节选用标准型、缓凝型或防冻型产品；预制构件应选用专用型早强剂；高性能减水剂使用前，应使用工程现场用水泥做适应性试验，不应有假凝、速凝、分层或离析现象。

3 不应采用C类粉煤灰和Ⅱ级以下级别的粉煤灰。

10.2.5 配合比应经试验确定，并应符合下列规定：

1 施工配合比应通过试验确定，试配混凝土的抗渗等级应比设计文件要求提高 0.2 MPa。

2 除满足抗压强度、抗渗等级常规设计文件规定的指标要求外，尚应满足结构耐久性指标要求，硬化混凝土宜进行氯离子扩散系数或电通量试验。

3 各类材料的总碱量（Na_2O 当量）不应大于 3 kg/m^3；氯离子含量不应超过胶凝材料总量的 0.06%。

4 胶凝材料用量应根据混凝土的抗渗等级和强度等级等选用，总用量不宜小于 320 kg/m^3；当强度要求较高或地下水有腐蚀性时，胶凝材料用量应通过试验调整。

5 在满足混凝土抗渗等级、强度等级和耐久性条件下，水泥用量不宜小于 260 kg/m^3；砂率宜为 35%～40%，泵送时可增至 45%；灰砂比宜为 1∶1.5～1∶2.5；水胶比不宜大于 0.50，有侵蚀性介质时水胶比不宜大于 0.45。

6 坍落度宜控制在 120 mm～160 mm，坍落度每小时损失值不应大于 20 mm，坍落度总损失值不应大 40 mm。

7 掺加引气剂或引气型减水剂时，混凝土含气量应控制在 3%～5%。

8 常温时，初凝时间宜为 6 h～8 h；冬期时，不宜少于 8 h。

Ⅱ 搅拌与运输

10.2.6 搅拌应符合下列规定：

1 应采用机械搅拌，并应根据外加剂的技术标准确定搅拌时间。

2 水温不宜高于 60 ℃，骨料温度不宜高于 28 ℃。

3 水、水泥、外加剂、掺合料重量的允许偏差应为 1%；砂、石重量的允许偏差应为 2%。

4 外加剂应配置成较小浓度溶液加入搅拌机内。

5 坍落度应符合现场入模坍落度要求。

10.2.7 混凝土运输应符合下列规定：

1 应采用混凝土搅拌运输车，路途中应匀速缓慢转动罐体，防止混凝土发生离析。

2 混凝土供应应保证现场能够连续作业。

Ⅲ 浇筑与养护

10.2.8 采用输送泵浇筑应符合下列规定：

1 管路拐弯宜缓，接头应严密。

2 受料斗内应保持足够数量的混凝土。

3 不应发生离析现象。

4 间歇时间超过 45 min 或出现离析现象时，应立即冲洗管路。

10.2.9 混凝土浇筑入模应符合下列规定：

1 入模坍落度宜控制在 120 mm～160 mm；配筋密集的部位及隧道的拱部，不宜大于 200 mm；检测坍落度时，应观察其和易性，不应存在泌水、离析、分层现象。

2 浇筑时如出现离析，应进行一次搅拌；坍落度损失后不能满足施工要求时，应加入原水胶比的水泥浆或掺加同品种的减水剂进行搅拌，不应直接加水。

3 当浇筑结构的高度超过 3 m 时，应采用串筒、溜槽或振动溜管下落。

10.2.10 混凝土浇筑应分层连续浇筑，层厚不应大于 500 mm，并应由低处向高处浇筑。如需间歇浇筑时，上层混凝土应在下层混凝土初凝前开始浇筑，否则应按施工缝处理。

10.2.11 混凝土应采用机械振捣，并应符合下列规定：

1 应以混凝土表面泛浆和不冒气泡为准，应避免漏振、欠振和超振。

2 插入式振捣器移距不宜大于作用半径的 1 倍，插入下层混凝土深度不应小于 50 mm；表面振捣器移距应与已振捣混凝土搭接 100 mm 以上。

3 振捣时不应碰撞钢筋、模板、预留预埋件、止水带和防水层等。

4 混凝土终凝前应进行压实赶光，并应及时覆盖。

10.2.12 高温季节混凝土浇筑入模温度不应高于 30 ℃，并应避免模板和新浇筑的混凝土直接受阳光照射，混凝土成型后应及时覆盖。冬期混凝土浇筑的入模温度不应低于 5 ℃，并应采取保温防冻措施，防止混凝土受冻。

10.2.13 结构内的钢筋、绑丝不应触及模板；固定模板的螺栓穿过混凝土结构时，应设置止水环等防水措施。

10.2.14 结构变形缝、施工缝、穿墙管、不同工法间接口、附属与主体预留接口等特殊部位应制定相应的技术措施，施工中应加强振捣，不应漏振。

10.2.15 大体积防水混凝土宜选用水化热低和凝结时间长的水泥，施工应符合现行国家标准《大体积混凝土施工标准》GB 50496 的规定。

10.2.16 现浇混凝土养护应符合下列规定：

1 混凝土终凝后应立即进行养护，并应保持湿润，养护期不应少于 14 d。

2　高温季节施工，应随压实赶光随覆盖，防止水分过快蒸发，并应避免太阳光直射，终凝后应及时洒水养护。

3　冬期浇筑应采用综合蓄热法、暖棚法等方法保温养护，不应采用电热法或蒸气直接加热法。

4　养护期间混凝土浇筑体的里表温差不宜超过 25 ℃，表面与大气温差不宜超过 20 ℃。

5　拆模时间不应早于 3 d，拆模后应采取措施继续养护。

10.2.17　同强度等级、同一配合比混凝土抗渗压力试件的留置应符合现行国家标准《地下铁道工程施工质量验收标准》GB/T 50299 的规定。

10.2.18　预制构件混凝土蒸汽养护结束后，应继续进行二次保湿养护不少于 7 d。冬期不应采用室外浸水养护。

10.3　明挖法/基坑工程

10.3.1　基坑工程防水应符合下列规定：

1　顶板柔性防水层应满粘密实。

2　围护结构与主体结构为分离式结构形式，主体结构侧墙设置柔性防水层应满粘密实。

3　围护结构与主体结构墙为复合墙结构形式，主体结构侧墙设置的柔性防水层应与后浇筑混凝土反粘密实。

4　地下连续墙作为主体结构的一部分与衬砌结构组成叠合墙结构时，防水应符合下列规定：

1）墙体的裂缝、空洞应采用同标号的混凝土或防水砂浆修补。

2）墙幅接缝处的渗漏应采用注浆、嵌填的方式进行止水处理。

3）墙表面或墙幅接缝的范围应进行凿毛、清洗处理后，方可进行刚性防水层的施工。

Ⅰ 卷材防水层

10.3.2 防水卷材的选择应与结构施工工法相匹配,防水材料施工工艺应与材料性质相匹配。

10.3.3 明挖法卷材施工,若基坑有肥槽,宜采用外防外贴法施工;无肥槽时,应采用外防内贴法施工。

10.3.4 基层面应符合下列规定:

1 基层面应密实、洁净、无油渍。

2 基层表面平整度应根据材料的种类,符合 $D/L \leqslant 1/30 \sim 1/8$ 的规定(其中 D 为基面两凸出部位间凹进去的深度,L 为相邻两凸面间的距离)。

3 阴阳角处应做成半径为 100 mm 的圆弧或 50 mm×50 mm 的钝角。

4 除潮湿基面可施工的卷材外,基层面应干燥,含水率不宜大于 9%。

5 基面不应有明水。

10.3.5 基层界面处理剂应符合下列规定:

1 处理剂应与卷材具有相容性。

2 涂刷和配制应符合设计文件要求。

3 应利于卷材与基面粘贴密实。

10.3.6 阴阳角部位加强层不应小于 500 mm 幅宽,应铺贴在大面防水层与结构之间,并应与结构或基层满粘。

10.3.7 卷材搭接宽度与连接方式应符合表 10.3.7 的规定;不同材料的搭接,当无法直接粘结过渡时,应采用与二者均具备相容性的介质材料过渡,且搭接宽度不应小于 300 mm。

表 10.3.7 卷材搭接宽度与连接方式

卷材品种	搭接宽度(mm)	基层粘结方式	接缝连接方式
弹性体改性沥青防水卷材	100	热熔法	热熔法

续表10.3.7

卷材品种	搭接宽度(mm)	基层粘结方式	接缝连接方式
自粘聚合物改性沥青防水卷材	80	自粘	自粘胶
三元乙丙橡胶、丁基橡胶防水卷材	100/80	满粘	胶粘剂/胶粘带
聚氯乙烯防水卷材	60/80	胶粘剂	单焊缝/双焊缝
	100	胶粘剂	胶粘剂
增强型复合高分子防水卷材 (线性聚乙烯丙纶复合防水卷材)	100	胶粘剂	胶粘剂
预铺式高分子自粘胶膜防水卷材	70/80	预铺反粘	自粘胶/自粘带
天然钠基膨润土防水毯	80	空铺有钉孔	钉+膨润土 密封膏/粒
合成树脂塑料防水板	80	空铺无钉孔	双焊缝
湿铺法自粘卷材	80	满粘	自粘胶

10.3.8 卷材铺贴应符合下列规定：

1 与基层粘结为冷粘法和自粘法时，不应低于 5 ℃；热熔粘结时，不应低于－10 ℃；雨、雪天气，应做好已铺卷材层的防护。

2 卷材与基面的粘贴方式应符合材料施工工艺要求，外防外贴施工的立面和顶板应满粘。

3 大面卷材在加强层范围内不应出现搭接槎；距加强层边不应小于 600 mm；大面卷材铺贴长边宜与线路方向垂直。

4 相邻两幅卷材的短边搭接缝应错开，且不应小于 300 mm。

5 双层铺贴的上、下两层卷材应粘贴密实，不应有空鼓；上、下两层卷材的接缝应错开 1/3～1/2 幅宽，且两层卷材不应相互垂直铺贴；相邻两幅卷材的短边搭接缝应错开，且不应小于 300 mm。

6 收头部位、搭接部位、端部宜进行密封处理，不应翘边。

10.3.9 卷材采用外防外贴法施工除应符合本规程第 10.3.8 条的

规定外，尚应符合下列规定：

1 底板与侧墙、端墙连接处宜砌筑保护墙，保护墙内侧应用1∶3水泥砂浆抹面，厚度宜为15 mm～20 mm。

2 应先铺贴底板阴阳角加强层，后铺贴底板与保护墙立面。

3 保护墙顶翻卷甩槎长度不应小于1.0 m，并应采取保护措施。

4 应先铺贴特殊部位的加强层，后铺贴大面；墙体竖向应由下往上铺贴。

5 侧墙与顶板防水层搭接压槎，应为侧墙防水层在下，顶板防水层在上。

6 当线路有纵坡时，铺贴顺序宜符合下列规定：

1）底板、顶板、侧墙沿线路方向宜由低处往高处铺贴。

2）低处端墙与顶板防水层搭接压槎，端墙防水层应在下，顶板防水层应在上；较高处端墙防水层应在上，顶板防水层应在下。

10.3.10 卷材采用外防内贴法施工除应符合本规程第10.3.8条的规定外，尚应符合下列规定：

1 墙体防水层施工应随结构分段施工分段铺贴。

2 喷射混凝土或连续墙、排桩等基面应符合本规程第10.3.4条的规定。

3 设有内支撑时，卷材应铺贴至腰梁的下方，上口应粘贴紧密或固定牢固，翻卷甩槎高度不应小于500 mm，并应采取保护措施。

4 立面卷材铺设应有防止下滑的措施。在大面卷材上不应随意钉钉固定。

10.3.11 热熔法铺贴防水卷材应符合下列规定：

1 对卷材的加热应均匀，大面以表面沥青熔融至光亮为度，端部溢出沥青油为宜；应随铺贴随施加均匀的辊推压力。

2 立墙施工，上、下层卷材之间搭接不应形成倒槎。

3 现场应有防火措施。

10.3.12 冷粘和自粘法铺贴防水卷材应符合下列规定：

1 基层界面处理剂和涂刷应符合本规程第 10.3.5 条的规定。

2 搭接宽度应符合本规程第 10.3.7 条的规定，自粘类卷材不应采用胶粘剂。

3 气温低于 5 ℃时，宜采用热风机对卷材自粘面或搭接边适当加温；不得采用明火热熔粘贴。

4 沿铺贴方向应随铺贴随施加均匀的辊推压力，确保粘结牢固和不发生空鼓。

10.3.13 预铺式防水卷材施工应符合下列规定：

1 顶铺式防水卷材适用于外防内贴法施工。

2 卷材在立面短边应采用机械固定法施工，卷材端头 10 mm～20 mm 范围应用金属压条固定，钉孔间距宜为 400 mm～600 mm，卷材搭接时应盖住金属压条，卷材与卷材有效搭接宽度不应小于 80 mm；沥青基聚酯胎防水卷材自重较大，立墙施工时应有防止滑落措施。

3 预铺式高分子防水卷材长边搭接应采用自粘边粘结；低温或隧道施工时，可采用高分子基材热焊机焊接；短边应采用配套粘结带粘结；自粘法粘结强度不应小于 1.0 MPa。

4 底板防水层施作后完成应及时施工细石混凝土保护层；反应自粘层面有减粘措施的高分子自粘胶膜类卷材不宜施作细石混凝土保护层。

5 顶铺式卷材施工时，反应自粘层面应朝向待浇筑混凝土；自粘层覆膜应在浇筑混凝土前撕除，与混凝土的剥离强度不应小于 1.0 MPa。

10.3.14 湿铺法防水卷材应用于非外露地下工程，基面应铺设水泥砂浆或灰浆层，卷材应与基面直接粘结，不应采用胶粘剂。卷材间应采用自粘搭接。

10.3.15 高分子增强复合防水片材施工应符合下列规定：

1 高分子芯材厚度不应小于 0.5 mm，应双层满粘施工。

2 卷材与基面应采用配套的聚合物水泥粘结料满粘施工，刮涂聚合物水泥应均匀，施工后的固化厚度不应小于 1.2 mm；聚合物水泥粘结料固化前不应上人行走，4 h 内不应淋雨。

3 第二道卷材间搭接处宜设置 100 mm 宽同材质盖条作密封处理。

4 应及时施工卷材保护层；夏季应防止紫外线损伤成品。

10.3.16 天然钠基膨润土防水毯铺贴应符合下列规定：

1 适用于外防内贴法施工，卷材表层的织布面应朝向待浇混凝土。

2 与基层固定的水泥钉应加钢垫圈，应梅花形固定，立面和斜面间距应为 400 mm～500 mm；立面施工时，应上层压下层。

3 接缝搭接宽度不应小于 80 mm，水泥钉固定间距应加密为 200 mm～300 mm。

4 施工应采取防雨、雪措施，已经遇水膨胀的部位应割除或加铺。

5 500 mm 幅宽的膨润土防水毯加强层宜工厂定制。

6 钉头及接缝处应涂抹密封膏或膨润土颗粒。

7 甩槎端头应及时用压条固定保护，永久收口应用密封膏和金属压条固定。

Ⅱ 涂料防水层

10.3.17 防水涂料基层除应符合本规程第 10.3.5 条的规定外，尚应坚实、清洁，不应有起砂和凹凸不平现象。有机防水涂料采用油溶性或非湿固性涂料时，基层面应干燥，含水率不应大于 9%。

10.3.18 施工前应进行涂布试验。

10.3.19 除适用冬期施工的涂料外，不应在气温低于 5 ℃或烈日暴晒时施工，且涂膜完全固化前遇有降水时应覆盖保护。

10.3.20 环保要求应符合现行行业标准《建筑防水涂料中有害物质限量》JC 1066 的规定。

10.3.21 涂料可分层或一次性喷涂，涂层应均匀，接槎宽度不应小于 100 mm。

10.3.22 特殊部位增设胎体增强材料时，应使胎体层充分浸透防水涂料，不应有露槎及褶皱。

10.3.23 防水涂料应随结构分段施工，经验收合格后，应及时施工保护层。

10.3.24 不同类型有机防水涂料施工应符合下列规定：

1 聚氨酯防水涂料应分层涂布，每层涂膜厚度不宜大于 0.5 mm；前道涂层完全固化后方可进行下道涂层施工，相邻两道涂层的涂刷方向应互相垂直。

2 非固化橡胶沥青防水涂料施工后应永不固化、保持蠕变性能，涂层应一次喷、刮成型；覆面卷材铺贴应粘贴密实，表面应平整、无折皱。

3 喷涂橡胶沥青防水涂料施工喷膜时，喷枪与基面的间距应满足要求，厚度应均匀，初凝后人行走不应破坏涂层，终凝后表面不应存有气泡，终凝 24 h 后方可施工防水保护层。

10.3.25 水泥基渗透结晶防水涂料施工应符合下列规定：

1 应按产品技术标准要求的比例拌制灰浆，拌制好的灰浆应在 20 min 内用完。

2 混凝土表面宜凿毛露出混凝土毛细孔，采用钢刷多遍涂刷，并应交替改变涂刷方向。

3 涂层终凝后应采用干湿交替养护，养护时间不应少于 72 h，不应采用蓄水养护。

4 干撒法施工时应在混凝土初凝前干撒完毕，并应压实抹平、提浆压光。

Ⅲ　水泥砂浆防水层

10.3.26　原材料及配合比应符合本规程第 10.2 节的规定。

10.3.27　基层面除应符合本规程第 10.3.4 条的规定外，还应坚实、无起砂现象。施工前应用水充分湿润，但不应有明水。

10.3.28　分层施工时，每层宜连续施工；留槎时，应采用阶梯坡形槎，层与层间搭接应紧密；接槎处与特殊部位加强层距离不应大于 200 mm。

10.3.29　特殊部位应先嵌填密实，后大面铺抹。铺抹应压实、抹平，最外层表面应提浆压光。

10.3.30　防水层终凝后应立即进行保湿养护，养护温度不宜低于 5 ℃，养护时间不宜少于 14 d。

10.4　顶管法

10.4.1　管节混凝土、节接头密封材料、嵌缝密封材料应符合有关规定及设计文件要求。

10.4.2　顶管管道贯通后管节接头应无漏泥、滴水现象。

10.4.3　顶管管节与工作井的接头密封所用帘布橡胶板应与井壁密贴，在注浆压力下，应无漏泥、漏水现象。

10.5　盾构法

10.5.1　管片进场时应逐块对防水和防腐层进行验收；拼装前应再次进行检查。

10.5.2　管片弹性密封垫粘贴前应符合下列规定：

1　管片尺寸、精度、抗渗性能和氯离子扩散系数指标应检验合格。

2　弹性密封垫的尺寸、精度和密封垫粘结剂的性能应合格。

密封垫粘结剂应密封、干燥储存。

3 管片密封垫沟槽不应缺损，气孔、突出物应修补平整；表面的灰尘、泥砂应清理干净。

4 冬期施工粘贴密封垫前，应将密封垫置于适宜温度的室内进行整形处理。

10.5.3 管片弹性密封垫的粘贴应符合下列规定：

1 胶粘剂应均匀涂刷在止水密封槽内，并应根据环境温度和湿度进行晾胶，不粘手指时方可粘贴。

2 粘贴应牢固、紧密，不应有脱胶、空鼓，密封垫表面应在同一平面上，不应歪斜或扭曲。

3 角部密封垫应粘贴平整，不应翘边。

4 粘贴后 24 h 内不应进行拼装。

5 管片密封垫增设的遇水膨胀橡胶片，表面宜涂刷缓膨胀剂，12 h 内不宜进行管片拼装；管片拼装前不应遇水。

10.5.4 传力衬垫板的粘贴除应符合本规程第 10.5.3 条的规定外，尚应符合下列规定：

1 衬垫板与管片表面应分别均匀涂胶，并根据环境温度和湿度进行晾胶，手指接触不粘后进行粘贴。

2 衬垫板粘贴后 24 h 内不应进行拼装。

10.5.5 螺栓孔密封、注浆孔密封垫安装、注浆孔封堵应符合下列规定：

1 螺栓孔密封圈安装前，金属件表面不应存在锈蚀。

2 应将管片连接螺栓杆传入密封圈孔；螺栓拧紧前，螺栓孔密封圈应定位准确；螺栓应准确插入管片螺栓连接孔，螺栓密封圈座入管片环型槽内应挤压紧密。

3 已破损或提前膨胀的密封圈不应使用。

4 壁后注浆完成后，应安装、拧紧封堵螺栓帽。

10.5.6 嵌缝采用非定型密封材料时，施工应符合下列规定：

1 嵌缝槽有碎裂、缺损时，应予以修补。

2 嵌缝槽内壁应干净、干燥，不应有渗漏水和湿渍。

3 凹槽内壁应先涂界面剂，嵌缝应嵌填密实，表面应平整。

10.5.7 嵌缝采用定型密封材料时，施工应符合下列规定：

1 嵌缝材料应就位准确，与基层密贴，不应脱落。

2 环形缝宜无搭接接头，环缝与纵缝、段与段之间结合应紧密。

10.5.8 混凝土管片外涂涂层应符合下列规定：

1 管片外涂层材料及涂刷范围应符合设计文件要求。

2 基面上的砂浆等突出物应凿除，浮灰、浮砂、油污等应清理干净，空洞、缺损等部位应采用聚合物快凝水泥填平，表面湿度不宜大于 9%。

3 涂层未固化前，不应遭水淋，并应防止污染；涂层未实干前，不应在其上码放管片。

10.6 联络通道

10.6.1 喷射混凝土基面应符合本规程第 10.3.4 条的规定。

10.6.2 铺贴防水缓冲层，搭接宽度不应小于 50 mm 且应留有一定的松弛度。固定应采用与防水板同材质的配套暗钉圈，间距应符合下列规定：

1 拱部宜为 0.5 m～0.8 m，边墙宜为 1.0 m～1.5 m，仰拱宜为 1.5 m～2.0 m。

2 局部凹凸较大部位，应在凹处加密固定。

3 防水板搭接部位暗钉圈应加密。

10.6.3 防水板铺设应符合下列规定：

1 无中隔壁和临时仰拱的标准断面，仰拱纵向铺设，墙拱应环向铺设，应先拱后墙。

2 洞桩法小导洞内铺设顶、底纵梁时，应纵向铺设。

3 有中隔壁和临时仰拱时，应以减少接缝为原则选择环向或纵向铺设。

4 铺设时应留有一定的松弛度，防止混凝土浇筑时拉裂。

5 应边铺边与暗钉圈逐个焊接牢靠，不应有假焊和焊穿现象。

6 相邻幅接缝应错开，任何部位的焊接均不应超过3层。

7 上、下幅卷材接缝应为底板压侧墙，侧墙压拱顶，不应出现倒搓；甩搓应至未拆除的中隔壁、临时仰拱，或超出钢筋端头不小于300 mm。

8 甩槎固定应可靠，并应采取有效的保护措施，防止拆除中隔壁或临时仰拱时，渣土掉入或后续施工时损坏。

9 后续施工应加强对防水板的保护，破损处应及时满焊修补。

10.6.4 防水板注浆系统施工应符合下列规定：

1 拱顶二衬背后回填注浆预埋浆钢管间距宜为4 m～5 m，采用模板台车浇筑时每段不宜少于2处，预埋注浆钢管不应顶破防水板。

2 防水等级为一级时，防水板注浆系统的安装间距宜为3 m～4 m；二级时，间距宜为4 m～5 m；注浆底座边缘应与防水板采用对称四点焊接，底座边缘周圈不应与防水板满焊。

3 底座与导管固定应牢固；当采用将导管开口端直接引出结构外时，应将导管与钢筋绑扎牢固，导管端头伸出模板外不应小于200 mm；当采用将开口端临时封闭不引出结构外时，应在导管端处预埋木盒，并应在模板内侧进行标记。

10.6.5 预铺反粘高分子自粘防水卷材施工应符合下列规定：

1 基层面应符合本规程第10.3.4条的规定。

2 缓冲层施工应符合本规程第10.6.2条的规定。

3 预铺反粘高分子自粘防水卷材施工应符合本规程第10.3.13条的规定。

10.6.6 排水型隧道防排水施工应符合以下规定：

1 排水型隧道宜采用半包防水，并应有辅助排水措施。

2 初衬渗漏部位应进行注浆止水，止水措施应可靠和长期有效，并应满足防水层无明水施工和结构设计限量排放要求。

3 隧道初衬设置的纵向排水管宜采用打孔硬质波纹管，并应外裹隔浆层防止堵塞；管径不应小于 100 mm；应设置在初衬表面的凹处，不应影响二衬混凝土的厚度；环向排水管应与初衬基面密贴，设置间距应为 5 m～10 m；横向导水管应在二衬混凝土浇筑前预留，坡度宜为 2%，间距应为 10 mm～20 mm，并应与环、纵向排水三通及隧道两侧的明沟相连。

4 横向导水管的结晶析出物应定期清理，确保排水系统畅通。

10.7 特殊部位防水

Ⅰ 变形缝

10.7.1 变形缝处加强防水层幅宽不应小于 600 m，并应紧贴结构。

10.7.2 背贴式止水带安装应符合下列规定：

1 止水带安装应直顺、平整，位置与纵向轴线偏差不应大于 10 mm。

2 底板的外贴式止水带部位不应覆盖细石混凝土保护层；明挖分离式结构侧墙、顶板迎水面应无外贴式止水带。

3 止水带与防水保护层或加强防水层粘结应牢固，甩槎或翻卷应加以保护；钢筋绑扎、焊接时，不应损伤止水带，且不应在止水带上设置钢筋热块。

4 止水带应减少现场接头；橡胶类现场接头应采用热硫化对接；塑料类接头应采用热熔满焊搭接，搭接宽度不应小于 50 mm；接头中心轴线不应错位，接头不宜设在结构转角和施工缝两侧各 500 mm 的范围内。

5　安装完毕的止水带齿条不应出现倒伏现象。

6　外贴式止水带的转角部位应使用图 10.7.2-1 所示的直角配件，环向与纵向相交部位应使用图 10.7.2-2 所示的十字形配件。

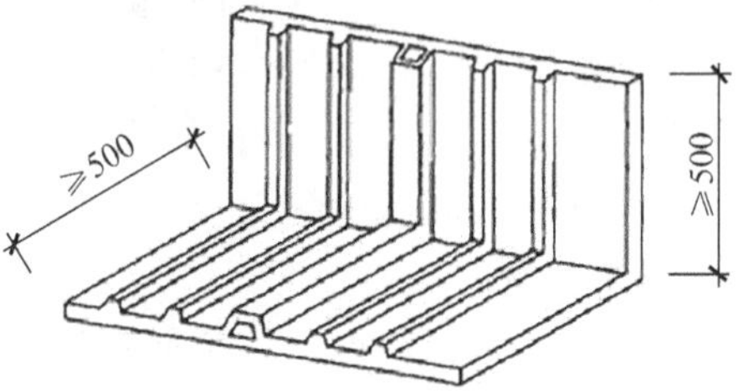

图 10.7.2-1　外贴式止水带直角配件(mm)

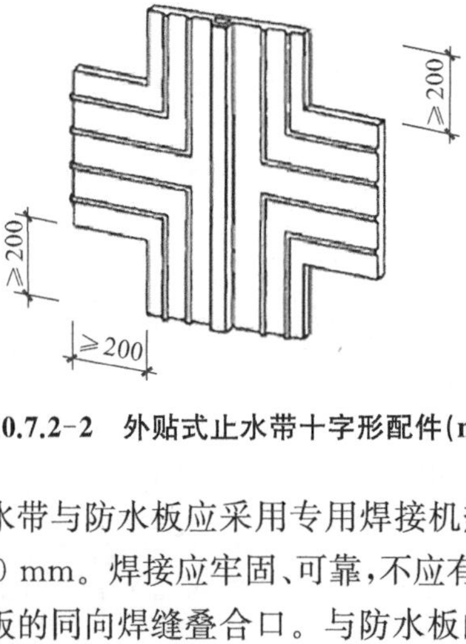

图 10.7.2-2　外贴式止水带十字形配件(mm)

7　塑料止水带与防水板应采用专用焊接机热熔焊接。焊缝宽度不宜小于 30 mm。焊接应牢固、可靠，不应有翘边、空鼓和漏焊，不应与防水板的同向焊缝叠合口。与防水板的焊缝形成交叉时，应将交叉范围内的防水板搭接缝外露边缘从根部剪切。

10.7.3　中埋式止水带安装除应符合本规程第 10.7.2 条的相应规定外，尚应符合下列规定：

1　止水带埋设位置应准确，止水带纵向轴线与变形缝中心线应重合，偏差不应大于 10 mm；止水带宜设置在结构厚度的中心线部位，任意一侧混凝土的厚度不应小于 150 mm。

2 钢筋安装的同时应完成止水带安装；浇筑变形缝一侧混凝土时，预留的另一侧止水带应采用端模固定。

3 结构转角处应弯曲成圆弧，半径不应小于 200 mm。

4 止水带应固定牢靠，采用铅丝与上、下层钢筋拉结固定；固定间距不宜大于 400 mm。

5 水平部位止水带宜采用盆式安装。盆式开口应向上，与水平面夹角宜为 20°～25°；其他部位的止水带应与变形缝内混凝土表面垂直，偏差角度不宜大于 15°。

6 橡胶类止水带现场热接头时，应采用硫化对接，钢边部分采用焊接或机械锚固连接；现场冷对接时，接头处应采用 U 形箍筋固定，间距不宜大于 500 mm，止水带应外裹未硫化丁基橡胶腻子片和橡胶片。塑料类止水带现场接头应采用热熔搭接，接头应牢固、密实、不透水。接缝两侧的止水带纵向轴线应位于同一直线上；当出现偏差时，两侧止水带轴线间距不应大于 10 mm。

10.7.4 嵌缝防水施工应符合下列规定：

1 结构完成后，先剔除表层的填缝板，缝结构表面应平整、直顺。

2 凹槽应干净、干燥，密封嵌缝材料应连续、均匀、饱满。

10.7.5 预留接水盒安装应符合下列规定：

1 变形缝结构内侧顶板、立墙应设置接水盒，接水盒应嵌入结构预留槽内。

2 接水盒应在嵌缝胶检查合格后方可安装。

3 接水盒应与结构固定牢固，隧道变形缝接水盒下口距道床面不应大于 100 mm。

Ⅱ 施工缝

10.7.6 施工缝防水加强层铺贴应符合本规程第 10.3 节的规定。

10.7.7 施工缝的施工应符合下列规定：

1 水平施工缝浇筑混凝土前，应将其表面浮浆和杂物清除，先铺净浆或涂界面处理剂、水泥基渗透结晶型防水涂料，再铺 30 mm～50 mm 厚的 1∶1 水泥砂浆，并应及时浇筑混凝土。

2 垂直施工缝浇筑混凝土前，应将其表面凿毛并清理干净，涂刷混凝土界面处理剂或水泥基渗透结晶型防水涂料，并应及时浇筑混凝土。

3 施工缝部位防水宜采用中埋式水带、中埋式钢边橡胶止水带、镀锌钢板止水带、镀锌钢板腻子止水带、外贴式止水带、遇水膨胀止水条、遇水膨胀止水胶、全断面注浆管等。

10.7.8 遇水膨胀止水胶、止水条的施工应符合下列规定：

1 应在合模前挤出或粘贴固定，并应采取防水、防雨措施。

2 宽度及高度应符合设计文件要求，且距结构外边不应小于 100 mm。

3 止水胶固化前不应浇筑混凝土；止水胶出现破损或提前膨胀部位应割除，并在割除部位重新粘贴止水胶。

4 止水条应牢固安装在缝表面或预留凹槽内，与基面密贴，中间不应有空鼓、脱离等现象。止水条采用搭接法连接，搭接宽度不应小于 30 mm。

10.7.9 水泥基渗透结晶防水涂料施工应符合本规程第 10.3.25 条的规定。

10.7.10 注浆管的安装和注浆应符合下列规定：

1 注浆管的安装应全断面连续。

2 与施工缝基面应密贴，固定应牢固，固定间距宜为 20 mm～30 mm，且距结构边不应小于 70 mm；双道平行设置时，间距不应小于 50 mm。

3 搭接长度宜为 20 mm～30 mm，搭接处应加密固定；导管末端应临时封堵严密。

4 安装弯曲半径不小于 150 mm，并应平缓，不应出现折角。

5　管端应引出混凝土外部的长度不宜小于 150 mm。

6　施工缝有渗漏水时，应在停止降水后再进行注浆。

7　注浆应从最低的注浆端开始。注浆时应使浆液低压缓注，当浆液不再流入且压力计显示稳定后，应维持该压力至少 2 min。当需要重复注浆时，应将残留在注浆管路内的浆液在其固化前清除干净。

10.7.11　镀锌钢板止水带和镀锌钢板腻子止水带施工应符合下列规定：

1　止水带应与施工缝混凝土表面垂直设置，偏差角度不宜大于 15°。

2　镀锌钢板止水带应采用不锈钢焊条对接焊接，焊接部位应严密、不透水，对接部位的拉伸强度不应小于母材强度的 80%。

3　纵向镀锌钢板止水带与环向钢边橡胶止水带交接部位，应将纵向断开，并应与环向钢边锚固，搭接宽度不应小于 40 mm，表面应做密封处理。

4　钢板腻子止水带应采用自粘搭接连接，搭接宽度不应小于 200 mm；搭接部位宜用铁丝捆绑；止水带表面的隔离膜应在浇筑混凝土前撕除。

Ⅲ　后浇带

10.7.12　后浇带防水应符合施工缝防水施工的规定。混凝土施工应符合本规程第 6.7.44 条和第 6.7.45 条的规定。

10.7.13　后浇带处的外贴式止水带安装好后应予以保护，并应防止杂物落入和损伤止水带。

10.7.14　后浇带部位混凝土应局部加厚，并应增设外贴式止水带或中埋式止水带。

Ⅳ　穿墙管和群管盒

10.7.15　穿墙管和群管盒施工应符合下列规定：

1　宜在浇筑混凝土前预埋。

2　设金属止水环时，应与主管满焊。

3　采用套管式穿墙时，翼环与套管应满焊；穿管后应采用防水豆石混凝土或密封材料将套管间隙填塞密实，端口周边应填塞遇水膨胀止水条或遇水膨胀止水胶。

4　防水层在穿墙管部位应做密封收头处理。

Ⅴ　桩头和临时立柱

10.7.16　桩头和临时立柱防水应符合设计文件要求。无要求时，应符合下列规定：

1　承载桩桩头宜与垫层表面齐平，或高出垫层表面不大于20 mm。

2　桩头应涂刷水泥基渗透结晶型防水材料，涂刷应连续、均匀，涂刷层与大面防水层的搭接宽度不应小于30 mm，并应及时养护。

3　桩头表面环外围钢筋应设置遇水膨胀止水胶，大面防水层在桩头根部应做密封收头处理。

4　破桩后如发现渗漏水，应采取措施进行封堵。

5　桩顶涂刷水泥基渗透结晶型防水涂料应实干后方可浇筑混凝土。

10.7.17　临时钢立柱、降水井穿越结构底板时，防水应符合下列规定：

1　结构中部的钢立柱外侧周边应焊接止水环，止水环翼宽不应小于100 mm。

2　钢管降水井割除后，应先在钢管柱内填充混凝土，并宜用钢板进行封口，封口钢板与管口四周应焊接牢固、严密。

Ⅵ　不同结构工法及接口间

10.7.18　不同工法间及通道接口，不同材料防水层的搭接过渡宽度应符合本规程第10.3.7条的规定；相同材料搭接过渡宽度不应小于20 mm。

10.7.19 盾构法与联络通道环梁接口防水施工应符合下列规定：

1 应沿管片环向先铺贴防水层，后铺贴加强层。

2 沿管片环缝径向应埋设注浆管，间距宜为 2 m～3 m。

10.7.20 基坑工程主体结构与其附属结构间接口防水施工应符合下列规定：

1 先施工部位的防水层保护应符合本规程第 10.7.19 条的规定。

2 过渡层应设置在后施工部位，应沿环向埋设注浆管，间距宜为 2 m～3 m。

3 过渡层应避开结构变形缝、施工缝处，且间距不应小于 500 mm。

11 特殊季节与大体积混凝土施工

11.1 特殊季节施工

11.1.1 大体积混凝土施工遇高温、冬期、大风或雨雪天气时，必须采用混凝土浇筑质量保证措施。

11.1.2 当高温天气浇筑混凝土时，宜采用遮盖、洒水、拌冰屑等降低混凝土原材料温度的措施。混凝土浇筑后，应及时保湿养护；条件许可时，浇筑混凝土应避开高温时段。

11.1.3 当冬期浇筑混凝土时，宜采用热水拌合、加热骨料等提高混凝土原材料温度的措施。混凝土浇筑后，应及时进行保温保湿养护。

11.1.4 当大风天气浇筑混凝土时，在作业面应采取挡风措施，并应增加混凝土表面的抹压次数，应及时覆盖塑料薄膜和保温材料。

11.1.5 雨雪天不宜露天浇筑混凝土，需施工时，应采取混凝土质量保证措施。浇筑过程中突遇大雨或大雪天气时，应及时在结构合理部位留置施工缝，并应中止混凝土浇筑；对已浇筑还未硬化的混凝土应立即覆盖，严禁雨水直接冲刷新浇筑的混凝土。

11.2 大体积混凝土施工

11.2.1 预计会因混凝土中胶凝材料水化引起的温度变化和收缩导致有害裂缝产生，或混凝土结构实体最小尺寸不小于1 m的大体积混凝土施工应符合本节的规定。

11.2.2 配制大体积混凝土用材料应符合下列规定：

1 应优先选用质量稳定、有利于改善混凝土抗裂性能、比表面积和 C_3A 含量较低、C_2S 含量相对较高的水泥，且在搅拌站的入机温度不宜大于 55 ℃。

2 细骨料宜使用级配良好的中砂，其细度模数宜大于 2.3。

3 采用非泵送施工时，粗骨料的粒径可适当增大。

4 应选用缓凝型的高效减水剂。

11.2.3 大体积混凝土配合比应符合下列规定：

1 大体积混凝土配合比的设计除应符合设计强度等级、耐久性、体积稳定性等要求外，尚应符合大体积混凝土施工工艺特性的要求，并应符合合理使用材料、降低混凝土绝热温升值的原则。

2 混凝土拌和物在浇筑工作面的坍落度不宜大于 160 mm。

3 拌和水用量不宜大于 170 kg/m^3。

4 粉煤灰掺量应适当增加，但不宜超过胶凝材料用量的 40%；矿渣粉的掺量不宜超过胶凝材料用量的 50%，两种掺合料的总量不宜大于混凝土中胶凝材料用量的 50%。

11.2.4 当设计有要求时，可在混凝土中填放片石（包括经破碎的大漂石）。填放片石应符合下列规定：

1 可埋放厚度不小于 15 cm 的石块，埋放石块的数量不宜超过混凝土结构体积的 20%。

2 应选用无裂纹、无水锈、无铁锈、无夹层且未被烧过的、抗冻性能符合设计要求的石块，并应清洗干净。

3 石块的抗压强度不低于混凝土的强度等级的 1.5 倍。

4 石块应分布均匀，净距不小于 150 mm，距结构侧面和顶面的净距不小于 250 mm，石块不得接触钢筋和预埋件。

5 受拉区混凝土当气温低于 0 ℃时，不得埋放石块。

11.2.5 大体积混凝土施工技术方案应包括下列主要内容：

1 模板和支架系统的强度、刚度和稳定性验算，以及结合养护方法的保温构造设计。

2 模板和支架系统安装或拆除过程中的防倾覆临时固定措施。

3 施工阶段温控指标。

4 设置冷却水管时的通水检测、接头处理、通水时间选择和进出水温度差要求等。

5 原材料优选、配合比设计、制备与运输计划。

6 混凝土主要施工设备和现场总平面布置。

7 温控监测设备和测试布置图。

8 混凝土浇筑顺序和施工进度计划。

9 混凝土保温和保湿养护方法，其中保温覆盖层的厚度可根据温控指标的要求确定。

10 主要应急保障措施。

11 岗位责任制和交接班制度、测温作业管理制度。

12 特殊部位和特殊气候条件下的施工措施。

11.2.6 大体积混凝土结构的温度、温度应力及收缩应进行试验，预测施工阶段大体积混凝土浇筑体的温升峰值、芯部与表层温差及降温速率的控制指标，制定相应的温控技术措施。对首个浇筑体应进行工艺试验，对初期施工的结构体进行重点温度监测。温度监测系统宜具备自动采集、自动记录功能。

11.2.7 大体积混凝土的浇筑应符合下列规定：

1 混凝土的入模温度(振捣后 50 mm～100 mm 深处的温度)不宜高于 28 ℃。混凝土浇筑体在入模温度基础上的温升值不大于 50 ℃，且最高温度不得大于 65 ℃。混凝土芯部温度与表层温度之差不应大于 20 ℃。

2 大体积混凝土工程的施工宜采用整体分层连续浇筑施工或推移式连续浇筑施工。应依据设计尺寸进行均匀分段、分层浇筑。当横截面面积在 200 m^2 以内时，分段不宜大于 2 段；当横截面面积在 300 m^2 以内时，分段不宜大于 3 段，且每段面积不得小于 50 m^2。每段混凝土厚度应为 1.5 m～2.0 m。段与段间的竖向施工缝应平行于结构较小截面尺寸方向。当采用分段浇筑时，竖向施工缝应设置模板。上、下两邻层中的竖向施工缝应互相错开。

3 当采用泵送混凝土时，混凝土浇筑层厚度不宜大于 50 cm；当采用非泵送混凝土时，混凝土浇筑层厚度不宜大于 30 cm。

4 大体积混凝土施工采取分层间歇浇筑混凝土时，水平施工缝设置除应符合设计要求外，尚应根据混凝土浇筑过程中温度和裂缝控制的要求、混凝土的供应能力、钢筋工程的施工、预埋管件安装等因素确定。

5 大体积混凝土在浇筑过程中，应采取措施防止受力钢筋、定位筋、预埋件等移位和变形。

6 大体积混凝土浇筑面应及时进行二次抹压处理。

11.2.8 大体积混凝土在每次混凝土浇筑完毕后，除按普通混凝土进行常规养护外，还应及时按温控技术措施的要求进行保温养护，并应符合下列规定：

1 保湿养护的持续时间不得少于 28 d。保温覆盖层的拆除应分层逐步进行；当混凝土的表层温度与环境最大温差小于 20 ℃时，可全部拆除。

2 保湿养护过程中，应经常检查塑料薄膜或养护剂涂层的完整情况，保持混凝土表面湿润。

3 在大体积混凝土保温养护中，应对混凝土浇筑体的芯部与表层温差和降温速率进行检测。当实测结果不满足温控指标的要求时，应及时调整保温养护措施。

4 大体积混凝土拆模后应采取预防寒流袭击、突然降温和剧烈干燥等养护措施。

11.2.9 大体积混凝土宜适当延迟拆模时间，当模板作为保温养护措施的一部分时，其拆模时间应根据温控要求确定。

12 邻近营业线施工

12.1 一般规定

12.1.1 营业线施工应严格执行《铁路行车线上施工技术安全规则》《工务安全规则》等有关规定。

12.1.2 当施工会对既有行车设备正常使用的造成影响时，施工单位应指定专人驻行车室，按规定办理施工封锁前后的登记与销记手续，与车站值班员保持联系，随时将列车运行情况通知施工现场，反馈施工现场的信息。

12.1.3 在营业线上施工，应按规定设置防护。凡妨碍行车的施工均应设置防护，未设好防护，禁止开工。线路状态未恢复到准许放行列车的条件，禁止撤除防护。施工防护信号的设置与撤除，由施工负责人决定。

12.2 注意事项

12.2.1 施工领导小组召开有关单位和部门参加的协调会，检查落实各项准备工作，协调施工封锁中的各项安排，制定安全控制措施和应急预案。

12.2.2 施工单位应根据批准的施工方案，提前完成人员、材料、机具、设备的准备以及预铺、预拼、预调、预试等工作。

12.2.3 按照已批准的施工计划，施工单位驻站联络员向车站办理登记要点手续，在车站《行车设备检查登记簿》上写明施工里程、停用行车设备的范围和起止时间等项目，并按规定进行登记，确认后，由车站值班员向列车调度员申请施工。

12.2.4 在接到驻站联络员转达的调度命令，并按规定设好防护后，方能开始施工。施工封锁前的准备作业严禁“做过头”。

12.2.5 施工封锁中应严格执行相关规定，并按施工网络计划各节点的时间安排有序进行，一旦发现工作滞后，应立即采取有效措施。如果无法在批准的时间内完成，施工负责人必须提前通知驻站联络员向车站申请延长封锁时间。施工封锁严禁超范围作业。

12.2.6 建设、施工、行车组织、设备管理、监理、设计单位和部门应根据施工封锁的类别，派出相应人员，负责现场安全把关。安全把关人员必须详细了解施工封锁的内容，明确安全把关重点，深入施工封锁现场，认真检查各项安全措施的落实情况。

12.2.7 施工完成后，施工负责人进行全面检查，线路符合相关要求，信号试验彻底、联锁正确，经设备管理单位确认，并办理开通手续后方能恢复设备使用。

12.2.8 施工完成后，必须达到放行列车条件并经设备管理单位确认后，方可申请开通线路。封锁施工开通后，施工单位和设备管理单位要加强检查和整修，设备管理单位要严格把关；开通后列车运行速度必须按相关规定呈阶梯逐步提高。线路慢行应尽快恢复正常速度，并按有关规定尽快办理交接。对不能预先压道的地段及通行正式列车的过渡工程，经静态检验合格可不压道先开通，但开通后第一趟列车不得为旅客列车。

12.2.9 信号设备开通启用后，施工单位与电务设备管理单位应共同加强检查和值守，密切注意新设备的运行情况。施工单位应配备足够的技术力量，负责看管设备和处理故障，待新设备运行24 h无异常情况后即办理交接。在车站《行车设备检查登记簿》上登记，施工单位、车站、电务设备管理单位三方共同确认、签字后，由电务设备管理单位接管。

13 施工监测

13.1 一般规定

13.1.1 市域铁路地下工程应在施工阶段对支护结构、周围岩土体及周边环境进行监测。

13.1.2 施工监测方案和应急预案应根据设计要求，并结合施工环境、工程地质和水文地质条件、掘进速度等制定。

13.1.3 施工监测方案应根据监测对象变形量和变形速率等进行调整，对突发的变形异常情况应及时启动应急预案。

13.1.4 地面和隧道内监测点宜在同一断面布设；盾构通过后，处于同一断面内的监测数据应同步采集，并应收集同期盾构掘进参数。

13.1.5 施工监测仪器和设备应满足测量精度、抗干扰性和可靠性等要求。

13.1.6 施工监测项目应符合表 13.1.6 的规定。当穿越水域、建(构)筑物及其他有特殊要求地段时，应根据设计要求确定。

表 13.1.6 施工监测项目

类别	监测项目
必测项目	施工区域地表隆沉、沿线建(构)筑物和地下管线变形
	隧道结构变形
选测项目	岩土体深层水平位移和分层竖向位移
	衬砌环内力
	地层与管片的接触应力

13.1.7 竖向位移监测可采用水准测量方法，水准基点应埋设在变形影响范围外，且不得少于3个。

13.1.8 水平位移监测可采用边角测量或GNSS等方法，并应建立水平位移监测控制网，水平位移监测控制点宜采用具有强制对中装置的观测墩和照准装置。

13.1.9 当采用物理传感器监测时，传感器埋设应符合仪器埋设规定和监测方案的规定。

13.1.10 当竖向位移监测采用静力水准测量方法时，静力水准的埋设、连接、观测、数据处理等应符合国家现行相关标准的要求，测量精度应与水准测量要求相同。

13.1.11 监测点应埋设在能反映变形、便于观测、易于保存的位置。

13.1.12 监测方法和测量精度应符合现行国家标准《城市轨道交通工程监测技术规范》GB 50911和《城市轨道交通工程测量规范》GB 50308的规定。

13.1.13 工作井及附属结构的监测应符合现行国家标准《城市轨道交通工程监测技术规范》GB 50911的规定。

13.2 施工周边环境监测

13.2.1 施工周边环境监测对象应包括邻近建(构)筑物、地表和地下管线等，监测项目应符合表13.2.1的规定。

表13.2.1 施工周边环境监测项目

监测对象	监测项目
建(构)筑物	高层、超高层、古建筑、危房等建筑、桥梁、市政设施、轨道交通线路等变形
地表	地面道路、地表等变形
地下管线	燃气、热力、供水、排水等主要管线变形

13.2.2 地表沉降观测点布设应符合现行国家标准《城市轨道交通工程监测技术规范》GB 50911 的规定；特殊地段的地表沉降观测断面和观测点的设置应编制专项方案。

13.2.3 邻近建(构)筑物变形监测应根据结构状况、重要程度和影响范围有选择地进行变形监测；监测点的布设应能反映邻近建(构)筑物的不均匀沉降及倾斜等情况。

13.2.4 邻近地下管线的监测点应直接设置在管线上。对无法直接观测的管线，应采取周边土体分层沉降代替管线沉降监测。

13.2.5 初始值应从盾构掘进将影响该监测区域前 10 d 开始，至监测对象稳定时结束。

13.2.6 当穿越地面建(构)筑物和地下管线等时，除应对穿越建(构)筑物监测外，宜对邻近土体进行变形监测。

13.3 隧道结构监测

13.3.1 隧道结构监测内容应包括隧道结构竖向位移和水平位移。必要时，应进行净空收敛和应力监测。

13.3.2 应力监测元器件应预埋在管片内相应位置，并应在管片拼装前进行测试。

13.3.3 应力监测宜采用应力计。

13.3.4 隧道结构监测初始值宜在管片壁后注浆凝固后 12 h 内测量。

13.4 监测频率

13.4.1 监测频率应根据监测对象的变形量和变形速率确定，并应能及时、系统地反映施工情况及监测对象的动态变化。

13.4.2 盾构隧道施工中的周边环境、周围岩土体和隧道结构的监测频率可按表 13.4.2 确定。

表 13.4.2　监测频率

监测部位	监测对象	开挖面与监测点或监测断面的距离	监测频率
掘进面前方	周围岩土体和周边环境	$5D<L\leqslant 8D$	1 次/(3 d～5 d)
		$3D<L\leqslant 5D$	1 次/2 d
		$L\leqslant 3D$	1 次/1 d
掘进面后方	隧道结构、周围岩土体和周边环境	$L\leqslant 3D$	(1 次～2 次)/1 d
		$3D<L\leqslant 8D$	1 次/(1 d～2 d)
		$L>8D$	1 次/(3 d～7 d)

注：1　D 为隧道开挖直径(m)，L 为掘进面与监测点或监测断面的水平距离(m)。
　　2　隧道结构位移、净空收敛在衬砌环脱出盾尾且能通视时进行监测。
　　3　监测数据趋于稳定，监测频率宜为 1 次/(15 d～30 d)。

13.4.3　对穿越既有线路、重要建(构)筑物等周边环境风险等级较高的工程，应提高监测频率，宜对关键监测项目进行实时监测。

13.4.4　施工期间应由专人进行现场巡查，每天不宜少于 1 次，并应进行记录，特殊情况应增加巡查次数。

13.5　监测控制值和预警

13.5.1　监测预警标准和预警等级应根据工程特点、监测项目控制值及当地施工经验等确定。

13.5.2　监测项目控制值应符合现行国家标准《城市轨道交通工程监测技术规范》GB 50911 的规定。

13.5.3　当监测数据达到预警标准或实测变形值大于允许变形的 2/3 时，应进行警情报送。

13.5.4　预警管理制度应根据监测预警等级和预警标准制定，预警管理制度应包括不同预警等级的警情报送对象、时间、方式和流程。

13.5.5　当现场巡查过程中发现下列警情之一时，应根据警情紧急程度、发展趋势和造成后果的严重程度按预警管理制度进行警情报送：

1 周边地表出现突然明显沉降(隆起)或较严重的突发裂缝、明塌。

2 建(构)筑物等周边环境出现危害正常使用功能或结构出现过大变形、沉降、倾斜或裂缝等。

3 周边地下管线变形明显增长或出现裂缝、泄漏等。

4 隧道结构出现明显变形、较大裂缝、较严重漏水。

5 根据工程经验判断可能出现的其他警情。

13.6 监测成果及信息反馈

13.6.1 监测数据采集、计算和处理宜实现计算机管理，并应建立数据库。

13.6.2 监测数据应结合施工经验和现场环境状况定期进行分析，并应绘制变形时态曲线图。

13.6.3 时态曲线回归分析宜选择与实测数据拟合较好的函数，并应对变形趋势进行预测。

13.6.4 监测成果应包括现场监测资料、计算分析资料、各种曲线图表和文字报告等，资料应完整、清晰。

13.6.5 监测完成后应及时向有关单位提供阶段性监测成果。

13.6.6 工程竣工或监测工作完成后应提供监测技术总结报告。

14 环境保护与水土保持

14.0.1 隧道及地下工程施工的环境保护应严格控制污染源，保护生态环境，并符合国家、行业相关标准的规定。

14.0.2 隧道及地下工程施工组织设计应按设计要求，结合工程实际，对在施工中可能造成的环境破坏和水土流失等不利影响进行预测，制定综合防治措施。施工完成后，应及时清理施工垃圾，做到文明施工。

14.0.3 隧道及地下工程施工应积极推广使用绿色施工技术，加强施工管理，最大限度地节约资源，减少对环境负面影响，实现节能、节材、节水、节地和环境保护的目的。

14.0.4 隧道及地下工程施工中，污染物排放应符合国家和地方现行的排放标准要求。清洗机械设备的废水、废油以及生活污水不得直接排放于溪流、湖泊或其他水域中，也不得排放于饮用水源附近的土地上，以防止污染水质和土地。

14.0.5 隧道及地下工程施工现场应设置集水池、沉淀池和污水过滤池，排放水应经过无害化处理。车辆在拌和站内应定点停放，运输做到不洒、不漏，临近市区作业，出入车辆应清洗车轮。

14.0.6 施工机械运输组装场地、材料加工场、混凝土拌和站等临时生产设施宜远离居民区并处于下风区。如无法满足时，应采取适当的防尘、防噪声等保护措施。

14.0.7 在城镇居民区施工时，施工场地和运输线路应尽量避开医院、学校等噪声和振动敏感区；由机械设备和工艺操作所产生的噪声不应超过国家规定的建筑施工临界噪声排放标准，否则应采取消声或隔音措施。

14.0.8 施工过程中，应采取防尘、降尘措施。施工现场的主要道路,宜进行硬化处理或采取其他扬尘控制措施。可能造成扬尘的露天堆储材料,宜采取扬尘控制措施。

14.0.9 施工过程中产生的建筑垃圾,应充分回收利用;对不可利用的建筑垃圾,应集中收集,并应及时清运至指定地点。

14.0.10 大型临时工程应科学规划,节约用地,减少对林地、基本农田的占用。

14.0.11 施工生产和生活用地使用结束后应按要求做好复垦工作。